El abanico de Lady Windermere

Oscar Wilde

El abanico de Lady Windermere

Nueva traducción al español
traducido del inglés por Guillermo Tirelli

Rosetta Edu

Título original: *Lady Windermere's Fan*

Primera publicación: 1892

Ilustración de tapa: «Dama con abanico», Gustav Klimt, 1917.

© 2025, Guillermo Tirelli, por la traducción al español.
All rights reserved
Quedan prohibidos, dentro de los límites establecidos en la ley y bajo los apercibimientos legalmente provistos, la reproducción total o parcial de esta obra por cualquier medio o procedimiento, ya sea electrónico o mecánico, el tratamiento informático, el alquiler o cualquier otra forma de cesión de la obra sin la autorización previa y por escrito de los titulares del *copyright*.

Primera edición: Abril 2025

Publicado por Rosetta Edu
Londres, Abril 2025
www.rosettaedu.com

ISBN: 978-1-83647-108-0

Rosetta Edu

CLÁSICOS EN ESPAÑOL

Rosetta Edu presenta en esta colección libros clásicos de la literatura universal en nuevas traducciones al español, con un lenguaje actual, comprensible y fiel al original.

Las ediciones consisten en textos íntegros y las traducciones prestan especial atención al vocabulario, dado que es el mismo contenido que ofrecemos en nuestras célebres ediciones bilingües utilizadas por estudiantes avanzados de lengua extranjera o de literatura moderna.

Acompañando la calidad del texto, los libros están impresos sobre papel de calidad, en formato de bolsillo o tapa dura, y con letra legible y de buen tamaño para dar un acceso más amplio a estas obras.

Rosetta Edu
Londres
www.rosettaedu.com

A
LA QUERIDA MEMORIA
DE
ROBERT, CONDE DE LYTTON
CON AFECTO
Y
ADMIRACIÓN

PERSONAJES DE LA OBRA

Lord Windermere
Lord Darlington
Lord Augustus Lorton
Mr. Dumby
Mr. Cecil Graham
Mr. Hopper
Parker, mayordomo
Lady Windermere
La Duquesa de Berwick
Lady Agatha Carlisle
Lady Plymdale
Lady Stutfield
Lady Jedburgh
Mrs. Cowper-Cowper
Mrs. Erlynne
Rosalie, criada

LAS ESCENAS DE LA OBRA

ACTO I: Salón matinal en casa de Lord Windermere.

ACTO II: Salón de la casa de Lord Windermere.

ACTO III: Las habitaciones de Lord Darlington.

ACTO IV: Igual que el acto I.

Tiempo: El presente.

Lugar: Londres.

La acción de la obra se desarrolla en veinticuatro horas, comenzando un martes a las cinco de la tarde y terminando al día siguiente a la una y media de la tarde.

PRIMER ACTO

ESCENA

Salón matinal de la casa de Lord Windermere en Carlton House Terrace. Puertas en el centro y a la derecha. Mesa con libros y papeles a la derecha. Sofá con pequeña mesa de té a la izquierda. Ventana que da a la terraza a la izquierda. Mesa a la derecha.
[LADY WINDERMERE *está junto a la mesa a la derecha, arreglando rosas en un cuenco azul*].
[*Entra* PARKER].
PARKER. ¿Está su señoría en casa esta tarde?
LADY WINDERMERE. Sí... ¿quién es la visita?
PARKER. Lord Darlington, milady.
LADY WINDERMERE. [*Vacila un momento*]. Hágale pasar... y estoy a disposición de cualquiera que visite.
PARKER. Sí, milady.

[*Sale por la puerta central*].

LADY WINDERMERE. Es mejor que le vea antes de esta noche. Me alegro de que haya venido.
[*Entra* PARKER *por la puerta central*].
PARKER. Lord Darlington.
[*Entra* LORD DARLINGTON *por la puerta central*].

[*Sale* PARKER].

LORD DARLINGTON. ¿Cómo está usted, Lady Windermere?
LADY WINDERMERE. ¿Cómo está usted, Lord Darlington? No, no puedo darle la mano. Tengo las manos mojadas con estas rosas. ¿No son preciosas? Llegaron de Selby esta mañana.
LORD DARLINGTON. Son casi perfectas. [*Ve un abanico sobre la mesa*]. ¡Y qué abanico tan maravilloso! ¿Puedo mirarlo?
LADY WINDERMERE. Hágalo. Bonito, ¿verdad? Lleva mi nombre y todo. Yo acabo de verlo. Es el regalo de cumpleaños que me ha hecho mi marido. ¿Sabe que hoy es mi cumpleaños?
LORD DARLINGTON. ¿No? ¿De verdad?
LADY WINDERMERE. Sí, hoy soy mayor de edad. Un día muy importante en mi vida, ¿verdad? Por eso doy esta fiesta esta noche.

Siéntese. [*Todavía arreglando las flores*].

Lord Darlington. [*Sentándose*]. Ojalá hubiera sabido que era su cumpleaños, Lady Windermere. Habría cubierto toda la calle delante de su casa con flores para que caminara sobre ellas. Están hechas para usted.

[*Una breve pausa*].

Lady Windermere. Lord Darlington, me resultó molesto anoche en el Ministerio de Asuntos Exteriores. Me temo que va a resultarme molesto de nuevo.

Lord Darlington. ¿Yo, Lady Windermere?

[*Entran* **Parker** *y* **el lacayo** *por la puerta central, con una bandeja y cosas para el té*].

Lady Windermere. Déjela ahí, Parker. Así estará bien. [*Se limpia las manos con su pañuelo de bolsillo, va a la mesa del té y se sienta*]. ¿No quiere venir, Lord Darlington?

[*Sale* **Parker** *por la puerta central*].

Lord Darlington. [*Coge una silla y cruza de la izquierda al centro*]. Me siento muy mal, Lady Windermere. Debe decirme lo que he hecho. [*Se sienta a la mesa, a la izquierda*].

Lady Windermere. No dejó de hacerme cumplidos elaborados durante toda la velada.

Lord Darlington. [*Sonriendo*]. Ah, hoy en día estamos todos tan mal, que las únicas cosas agradables para hacer *son* los cumplidos. Es la únicas cosa que *podemos* hacer.

Lady Windermere. [*Sacudiendo la cabeza*]. No, estoy hablando muy en serio. No debe reírse, hablo muy en serio. No me gustan los cumplidos, y no veo por qué un hombre debe pensar que está complaciendo enormemente a una mujer cuando le dice un montón de cosas que no quiere decir.

Lord Darlington. Ah, pero lo digo en serio. [*Toma el té que ella le ofrece*].

Lady Windermere. [*Seriamente*]. Espero que no. Lamentaría tener que pelearme con usted, Lord Darlington. Me cae usted muy bien, ya lo sabe. Pero no me gustaría usted en absoluto si yo pensara que es como la mayoría de los demás hombres. Créame, usted es mejor que la mayoría de los demás hombres, y a veces pienso que pretende ser peor.

Lord Darlington. Todos tenemos nuestras pequeñas vanidades,

Lady Windermere.
Lady Windermere. ¿Por qué esa en particular? [*Sigue sentada en la mesa a la izquierda*].
Lord Darlington. [*Todavía sentado a la izquierda, en el centro*]. Oh, hoy en día tanta gente engreída va por la sociedad fingiendo ser buena, que creo que muestra más bien una disposición dulce y modesta el fingir ser malo. Además, hay que decir esto. Si uno finge ser bueno, el mundo lo toma a uno muy en serio. Si uno finge ser malo, no lo hace. Tal es la asombrosa estupidez del optimismo.
Lady Windermere. ¿No *quiere* entonces que el mundo le tome en serio, Lord Darlington?
Lord Darlington. No, el mundo no. ¿Quiénes son las personas que el mundo toma en serio? Toda la gente aburrida en la que uno pueda pensar, desde los obispos hasta los aburridos. Me gustaría que *usted* me tomara muy en serio, Lady Windermere, *usted* más que nadie en la vida.
Lady Windermere. ¿Por qué... por qué yo?
Lord Darlington. [*Tras una ligera vacilación*]. Porque creo que podríamos ser grandes amigos. Seamos grandes amigos. Puede que algún día usted quiera un amigo.
Lady Windermere. ¿Por qué lo dice?
Lord Darlington. ¡Oh!... Todos queremos amigos a veces.
Lady Windermere. Creo que ya somos muy buenos amigos, Lord Darlington. Siempre podremos seguir siéndolo mientras usted no...
Lord Darlington. ¿No qué?
Lady Windermere. No lo estropee diciéndome tonterías extravagantes. ¿Cree que soy una puritana, supongo? Bueno, tengo algo de puritana en mí. Me educaron así. Me alegro de ello. Mi madre murió cuando yo era apenas una niña. Viví siempre con Lady Julia, la hermana mayor de mi padre, ya sabe. Era severa conmigo, pero me enseñó lo que el mundo olvida, la diferencia que hay entre lo que está bien y lo que está mal. *Ella* no permitía ninguna concesión. *Yo* no permito ninguna.
Lord Darlington. ¡Mi querida Lady Windermere!
Lady Windermere. [*Recostándose en el sofá*]. Usted me considera atrasada para la época... ¡Pues lo soy! Lamentaría estar al mismo nivel que una época como ésta.
Lord Darlington. ¿Cree que la época es muy mala?

LADY WINDERMERE. Sí. Hoy en día la gente parece considerar la vida como una especulación. No es una especulación. Es un sacramento. Su ideal es el Amor. Su purificación es el sacrificio.

LORD DARLINGTON. [*Sonriendo*]. ¡Oh, cualquier cosa es mejor que ser sacrificado!

LADY WINDERMERE. [*Inclinándose hacia delante*]. No diga eso.

LORD DARLINGTON. Lo digo. Lo siento, lo sé.

[*Entra* PARKER *por el centro*].

PARKER. ¿Los empleados quieren saber si van a poner las alfombras en la terraza para esta noche, milady?

LADY WINDERMERE. No cree que vaya a llover, Lord Darlington, ¿verdad?

LORD DARLINGTON. ¡No quiero oír hablar de que llueva en su cumpleaños!

LADY WINDERMERE. Dígales que lo hagan enseguida, Parker.

[*Sale* PARKER *por el centro*].

LORD DARLINGTON. [*Todavía sentado*]. ¿Cree entonces... por supuesto, sólo estoy poniendo un ejemplo imaginario... cree que en el caso de un matrimonio joven, digamos con unos dos años de casados, si el marido se convierte de repente en el amigo íntimo de una mujer de... bueno, de carácter más que dudoso... siempre la está visitando, almuerza con ella y probablemente paga sus facturas... cree que la esposa no debería consolarse?

LADY WINDERMERE. [*Frunciendo el ceño*]. ¿Consolarse?

LORD DARLINGTON. Sí, creo que ella debería... creo que tiene derecho.

LADY WINDERMERE. Porque el marido es vil... ¿debe serlo también la mujer?

LORD DARLINGTON. La vileza es una palabra terrible, Lady Windermere.

LADY WINDERMERE. La vileza es algo terrible, Lord Darlington.

LORD DARLINGTON. Sabe que me temo que la gente buena hace mucho daño en este mundo. Sin duda, el mayor daño que hacen es que convierten la maldad en algo de extraordinaria importancia. Es absurdo dividir a la gente en buena y mala. La gente es encantadora o tediosa. Yo me pongo del lado de los encantadores, y usted, Lady Windermere, no puede evitar pertenecer a ellos.

LADY WINDERMERE. Ahora, Lord Darlington. [*Se levanta y cruza por la*

derecha, frente a él]. No se mueva, sólo voy a terminar con mis flores. [*Va a la mesa de la derecha, hacia el centro*].
LORD DARLINGTON. [*Levantándose y moviendo la silla*]. Y debo decir que creo que es usted muy dura con la vida moderna, Lady Windermere. Por supuesto que hay mucho en su contra, lo admito. La mayoría de las mujeres, por ejemplo, hoy en día, son bastante mercenarias.
LADY WINDERMERE. No hable de esa gente.
LORD DARLINGTON. Pues bien, dejando a un lado a los mercenarios, que, por supuesto, son espantosos, ¿piensa usted seriamente que las mujeres que han cometido lo que el mundo llama una falta no deben ser perdonadas nunca?
LADY WINDERMERE. [*De pie, cerca de la mesa*]. Creo que nunca deberían ser perdonadas.
LORD DARLINGTON. ¿Y los hombres? ¿Cree que deberíamos tener las mismas leyes para los hombres que para las mujeres?
LADY WINDERMERE. ¡Ciertamente!
LORD DARLINGTON. Creo que la vida es demasiada compleja como para resolverla con estas reglas duras y rápidas.
LADY WINDERMERE. Si tuviéramos «estas reglas duras y rápidas», la vida nos resultaría mucho más sencilla.
LORD DARLINGTON. ¿No permite excepciones?
LADY WINDERMERE. ¡Ninguna!
LORD DARLINGTON. ¡Ah, qué puritana tan fascinante es usted, Lady Windermere!
LADY WINDERMERE. El adjetivo era innecesario, Lord Darlington.
LORD DARLINGTON. No pude evitarlo. Puedo resistirlo todo excepto la tentación.
LADY WINDERMERE. Tiene la afectación moderna de la debilidad.
LORD DARLINGTON. [*Mirándola*]. Es sólo una afectación, Lady Windermere.
[*Entra* PARKER *por el centro*].
PARKER. La Duquesa de Berwick y Lady Agatha Carlisle.
[*Entran la* DUQUESA DE BERWICK *y* LADY AGATHA CARLISLE *por el centro*].
[*Sale* PARKER *por el centro*].

DUQUESA DE BERWICK. [*Viniendo del centro, y estrechando manos*]. Querida Margaret, me alegro mucho de verte. Recuerdas a Agatha, ¿verdad? [*Cruzando de la izquierda al centro*]. ¿Cómo está usted, Lord Darlington? No dejaré que conozca a mi hija, es usted demasiado malvado.

Lord Darlington. No diga eso, Duquesa. Como hombre malvado soy un completo fracaso. Hay mucha gente que dice que nunca he hecho nada malo en toda mi vida. Claro que sólo lo dicen a mis espaldas.

Duquesa de Berwick. Él es espantoso, ¿no? Agatha, este es Lord Darlington. No creas ni una palabra de lo que dice. [**Lord Darlington** *cruza de la derecha al centro*]. No, nada de té, gracias, querida. [*Cruza y se sienta en el sofá*]. Acabamos de tomar el té en casa de Lady Markby. Un té tan malo, además. Era imbebible. No me sorprendió en absoluto. Lo suministra su propio yerno. Agatha desea que llegue tu baile de gala de esta noche, querida Margaret.

Lady Windermere. [*Sentada a la izquierda, hacia el centro*]. Oh, no debe pensar que va a ser un baile de gala, Duquesa. Es sólo una danza en honor de mi cumpleaños. Algo pequeño y temprano.

Lord Darlington. [*De pie a la izquierda, hacia el centro*]. Muy pequeño, muy temprano y muy selecto, Duquesa.

Duquesa de Berwick. [*En el sofá a la izquierda*]. Por supuesto que será algo selecto. Pero *eso* ya lo sabemos, querida Margaret, porque es *tu* casa. Es realmente una de las pocas casas en Londres donde puedo traer a Agatha, y donde me siento perfectamente segura acerca del querido Berwick. No sé en qué se está convirtiendo la sociedad. La gente más espantosa parece ir a todas partes. Desde luego vienen a mis fiestas; los hombres se ponen furiosos si una no les invita. De verdad, alguien debería oponerse.

Lady Windermere. *Yo* lo haré, Duquesa. No invitaré a nadie a mi casa de quien haya algún escándalo.

Lord Darlington. [*A la derecha, hacia el centro*]. No diga eso, Lady Windermere. ¡Nunca me admitirían! [*Sentándose*].

Duquesa de Berwick. Con los hombres no importa. Con las mujeres es diferente. Somos buenas. Algunas de nosotras lo somos, al menos. Pero nos están arrinconando a codazos. Nuestros maridos se olvidarían realmente de nuestra existencia si no les fastidiáramos de vez en cuando, sólo para recordarles que tenemos perfecto derecho legal a hacerlo.

Lord Darlington. Es curioso, Duquesa, lo del juego del matrimonio... un juego, por cierto, que está pasando de moda... las esposas se llevan todos los honores e invariablemente pierden la

mejor mano.
Duquesa de Berwick. ¿La mejor mano? ¿Es ese el marido, Lord Darlington?
Lord Darlington. Sería más bien un buen nombre para el marido moderno.
Duquesa de Berwick. Querido Lord Darlington, ¡qué completamente depravado es usted!
Lady Windermere. Lord Darlington es trivial.
Lord Darlington. Ah, no diga eso, Lady Windermere.
Lady Windermere. ¿Por qué *habla* tan trivialmente de la vida, entonces?
Lord Darlington. Porque creo que la vida es algo demasiado importante como para hablar seriamente de ella. [*Se acerca al centro*].
Duquesa de Berwick. ¿Qué quiere decir? Por favor, como concesión a mi pobre ingenio, Lord Darlington, explíqueme qué quiere decir realmente.
Lord Darlington. [*Viniendo por detrás de la mesa*]. Creo que será mejor que no lo haga, Duquesa. Hoy en día ser inteligible es ser descubierto. ¡Adiós! [*Estrecha la mano de la* Duquesa]. Y ahora... [*sigue por el escenario*] Lady Windermere, adiós. Puedo venir esta noche, ¿no? Déjeme venir.
Lady Windermere. [*De pie en el escenario con* Lord Darlington]. Sí, desde luego. Pero no debe decir cosas tontas e insinceras a la gente.
Lord Darlington. [*Sonriendo*]. ¡Ah! Usted está empezando a reformarme. Es algo peligroso reformar a alguien, Lady Windermere. [*Se inclina, y sale por el centro*].
Duquesa de Berwick. [*Que se ha levantado, va al centro*]. ¡Qué criatura tan encantadora y malvada! Me gusta tanto. ¡Estoy encantada de que se haya ido! ¡Qué guapa estás! ¿De dónde sacas tus vestidos? Y ahora debo decirte cuánto lo siento por ti, querida Margaret. [*Cruza al sofá y se sienta con* Lady Windermere]. ¡Agatha, querida!
Lady Agatha. Sí, mamá. [*Se pone de pie*].
Duquesa de Berwick. ¿Quieres ir a echar un vistazo al álbum de fotografías que veo allí?
Lady Agatha. Sí, mamá. [*Va a la mesa a la izquierda*].
Duquesa de Berwick. ¡Querida niña! Le gustan tanto las fotografías de Suiza. Un gusto tan puro, creo. Pero lo siento mucho por ti,

Margaret.
Lady Windermere. [*Sonriendo*]. ¿Por qué, Duquesa?
Duquesa de Berwick. Oh, por culpa de esa horrible mujer. Se viste tan bien, además, lo que lo hace mucho peor, da un ejemplo tan espantoso. Augustus... usted conoce a mi hermano, con su mala reputación... tal prueba para todos nosotros... bueno, Augustus está completamente encaprichado con ella. Es bastante escandaloso, pues ella es absolutamente inadmisible en sociedad. Muchas mujeres tienen un pasado, pero me han dicho que ella tiene al menos una docena, y que todos encajan.
Lady Windermere. ¿De quién habla, Duquesa?
Duquesa de Berwick. De Mrs. Erlynne.
Lady Windermere. ¿Mrs. Erlynne? Nunca he oído hablar de ella, Duquesa. ¿Y qué tiene ella que ver conmigo?
Duquesa de Berwick. ¡Mi pobre niña! ¡Agatha, querida!
Lady Agatha. Sí, mamá.
Duquesa de Berwick. ¿Quieres salir a la terraza y contemplar la puesta de sol?
Lady Agatha. Sí, mamá.

[*Sale por la puerta-ventana a la izquierda*].

Duquesa de Berwick. ¡Dulce muchacha! ¡Tan devota de las puestas de sol! Demuestra tal refinamiento de sentimientos, ¿no es así? Después de todo, no hay nada como la naturaleza, ¿verdad?
Lady Windermere. ¿Pero de qué se trata, Duquesa? ¿Por qué me habla de esta persona?
Duquesa de Berwick. ¿De verdad no lo sabes? Te aseguro que todos estamos muy angustiados por ello. Anoche mismo, en casa de la querida Lady Jansen, todo el mundo decía lo extraordinario que era que, de todos los hombres de Londres, Windermere se comportara de ese modo.
Lady Windermere. Mi marido... ¿qué tiene *él* que hacer con una mujer de ese tipo?
Duquesa de Berwick. Ah, exactamente ¿qué tiene que hacer, querida? Esa es la cuestión. Va a verla continuamente, y se queda por horas, y mientras él está allí ella no está en casa para nadie. No es que la visiten muchas damas, querida, pero tiene muchos amigos varones de mala reputación... mi propio hermano en particular, como ya te dije... y eso es lo que hace tan espantoso lo de Windermere. A *él* lo considerábamos un marido mo-

delo, pero me temo que no hay duda al respecto. Mis queridas sobrinas —conoces a las chicas Saville, ¿verdad?—, unas criaturas caseras, tan agradables —sencillas, terriblemente sencillas, pero tan buenas—, bueno, siempre están en la ventana haciendo trabajos de fantasía, y haciendo cosas feas para los pobres, lo que me parece tan útil de ellas en estos espantosos días socialistas, y esta terrible mujer se ha instalado en una casa en Curzon Street, justo enfrente de ellas... ¡una calle tan respetable, además! ¡No sé a dónde vamos a ir a parar! Y me dicen que Windermere va allí cuatro y cinco veces por semana... lo *ven*. No pueden evitarlo... y aunque nunca hablan de escándalos, ellas —por supuesto— lo comentan con todo el mundo. Y lo peor de todo es que me han dicho que esa mujer le ha sacado mucho dinero a alguien, pues parece ser que llegó a Londres hace seis meses sin tener donde caerse muerta —por así decir— y ahora tiene esa encantadora casa en Mayfair, pasea con sus ponies por el parque todas las tardes y todo... bueno, todo... desde que conoce al pobre y querido Windermere.

Lady Windermere. ¡Oh, no puedo creerlo!

Duquesa de Berwick. Pero es muy cierto, querida. Todo Londres lo sabe. Por eso me pareció mejor venir a hablar contigo, y aconsejarte que lleves a Windermere de inmediato a Homburg o a Aix, donde tendrá algo con lo que entretenerse, y donde podrás vigilarlo todo el día. Te aseguro, querida, que en varias ocasiones después de casarme por primera vez, tuve que fingir estar muy enferma, y me vi obligada a beber las aguas minerales más desagradables, sólo para sacar a Berwick de la ciudad. Era tan extremadamente susceptible. Aunque debo decir que nunca regaló grandes sumas de dinero a nadie. Tiene demasiados principios como para eso.

Lady Windermere. [*Interrumpiendo*]. ¡Duquesa, Duquesa, eso es imposible! [*Levantándose y cruzando el escenario hacia el centro*]. Sólo llevamos dos años de casados. Nuestro bebé sólo tiene seis meses. [*Se sienta en la silla a la derecha de la mesa a la izquierda*].

Duquesa de Berwick. ¡Ah, el querido y bonito bebé! ¿Cómo está el pequeño, querida? ¿Es niño o niña? Espero que una niña... Ah, no, ¡recuerdo que es un niño! Lo siento mucho. Los niños son tan malvados. Mi niño es excesivamente inmoral. No podrías creer a qué horas vuelve a casa. Y sólo ha dejado la Universi-

dad de Oxford hace unos meses... Realmente no sé qué les enseñan allí.
Lady Windermere. ¿Son *todos* los hombres malos?
Duquesa de Berwick. Oh, todos, querida, todos, sin ninguna excepción. Y nunca mejoran. Los hombres envejecen, pero nunca se vuelven buenos.
Lady Windermere. Windermere y yo nos casamos por amor.
Duquesa de Berwick. Sí, nosotros empezamos así. Sólo las brutales e incesantes amenazas de suicidio de Berwick hicieron que le aceptara del todo y, antes de que acabara el año, andaba detrás de todo tipo de enaguas, de todos los colores, formas y materiales. De hecho, antes de que terminara la luna de miel, le sorprendí guiñándole un ojo a mi criada, una muchacha muy guapa y respetable. La despedí de inmediato, sin determe a pensarlo... No, recuerdo que se la pasé a mi hermana; el pobre y querido Sir George es tan corto de vista que pensé que no importaría. Pero importó, sin embargo... fue de lo más desafortunado. [*Se pone de pie*]. Y ahora, mi querida amiguita, debo irme, ya que vamos a cenar fuera. Y ten cuidado de no tomarte demasiado a pecho esta pequeña aberración de Windermere. Llévatelo al extranjero y volverá a ti sin problemas.
Lady Windermere. ¿Volverá a mí? [*En el centro*].
Duquesa de Berwick. [*A la izquierda, hacia el centro*]. Sí, querida, estas mujeres malvadas alejan a nuestros maridos de nosotras, pero ellos siempre vuelven, ligeramente dañados, por supuesto. Y no hagas escenas, ¡los hombres las odian!
Lady Windermere. Es muy amable de su parte, Duquesa, venir a contarme todo esto. Pero no puedo creer que mi marido me sea infiel.
Duquesa de Berwick. ¡Niña bonita! Yo fui así una vez. Ahora sé que todos los hombres son monstruos. [**Lady Windermere** *toca el timbre*]. Lo único que hay que hacer es alimentar bien a los desgraciados. Una buena cocinera hace maravillas, y eso sé que sí tienes. Mi querida Margaret, ¿no vas a llorar?
Lady Windermere. No debe temer, Duquesa, yo nunca lloro.
Duquesa de Berwick. Así es, querida. Llorar es el refugio de las mujeres sencillas pero la ruina de las bonitas. ¡Agatha, querida!
Lady Agatha. [*Entra por la izquierda*]. Sí, mamá. [*Se para detrás de la mesa a la izquierda, hacia el centro*].
Duquesa de Berwick. Ven y despídete de Lady Windermere, y

agradécele por la encantadora visita. [*Viniendo de nuevo*]. Y por cierto, debo agradecerte que hayas enviado una tarjeta a Mr. Hopper... ese joven australiano rico en el que la gente se fija tanto precisamente ahora. Su padre hizo una gran fortuna vendiendo algún tipo de comida en latas circulares —muy apetecible, creo—, me imagino que es lo que los criados siempre se niegan a comer. Pero el hijo es bastante interesante. Creo que le atrae la charla inteligente de la querida Agatha. Por supuesto, nos daría mucha pena perderla, pero creo que una madre que no se separa de una hija cada temporada no tiene verdadero afecto. Vendremos esta noche, querida. [PARKER *abre las puertas del centro*]. Y recuerda mi consejo, saca al pobre de la ciudad de una vez, es lo único que se puede hacer. Adiós, una vez más; ven, Agatha.

[*Salen la* DUQUESA *y* LADY AGATHA *por el centro*].

LADY WINDERMERE. ¡Qué horrible! Ahora entiendo a qué se refería Lord Darlington con el caso imaginario de la pareja que no llevaba ni dos años de casados. ¡Oh! No puede ser cierto... ella habló de enormes sumas de dinero pagadas a esa mujer. Sé dónde guarda Arthur su libro de cheques... en uno de los cajones de ese escritorio. Puede que lo encuentre por ahí. Lo *encontraré*. [*Abre el cajón*]. No, debe ser algún horrible error. [*Se levanta y va al centro*]. ¡Algún escándalo tonto! ¡Él *me* ama! ¡Él *me* ama! ¿Pero por qué no debo mirar? Soy su esposa, ¡tengo derecho a mirar! [*Vuelve al buró, saca el libro y lo examina página por página, sonríe y da un suspiro de alivio*]. ¡Lo sabía! No hay ni una palabra de verdad en esta estúpida historia. [*Vuelve a meter el libro en el cajón. Mientras lo hace, se sobresalta y saca otro libro*]. ¡Un segundo libro... privado... cerrado! [*Intenta abrirlo, pero falla. Ve un cortapapeles en el buró y con él corta la cubierta del libro. Empieza a sobresaltarse desde la primera página*]. «Mrs. Erlynne: £600... Mrs. Erlynne: £700... Mrs. Erlynne: £400». ¡Oh! ¡Es verdad! ¡Es verdad! ¡Qué horrible! [*Tira el libro al suelo*].

[*Entra* LORD WINDERMERE *por el centro*]

LORD WINDERMERE. Bueno, querida, ¿ya han enviado el abanico a casa? [*Va de la derecha al centro. Ve el libro*]. Margaret, has abierto mi libro de cheques. ¡No tienes derecho a hacer tal cosa!
LADY WINDERMERE. Te parece mal que te descubran, ¿verdad?

Lord Windermere. Me parece mal que una esposa espíe a su marido.

Lady Windermere. Yo no te espié. Nunca supe de la existencia de esta mujer hasta hace media hora. Alguien que se compadeció de mí tuvo la amabilidad de contarme lo que todo el mundo en Londres sabe ya... tus visitas diarias a Curzon Street, tu loco enamoramiento, las monstruosas sumas de dinero que despilfarras en esta infame mujer. [*Cruzando a la izquierda*].

Lord Windermere. ¡Margaret! ¡No hables así de Mrs. Erlynne, no sabes lo injusto que es!

Lady Windermere. [*Volviéndose hacia él*]. Tú eres muy celoso del honor de Mrs. Erlynne. Ojalá hubieras sido tan celoso del mío.

Lord Windermere. Tu honor está intacto, Margaret. No pensarás ni por un momento que... [*Vuelve a poner el libro en el escritorio*].

Lady Windermere. Creo que gastas tu dinero de forma extraña. Eso es todo. Oh, no creas que me importa el dinero. En lo que a mí respecta, puedes despilfarrar todo lo que tenemos. Pero lo que *sí* me importa es que tú que me has amado, tú que me has enseñado a amarte, pases del amor que se da al amor que se compra. ¡Oh, es horrible! [*Se sienta en el sofá*]. ¡Y soy yo quien se siente degradada! *Tú* no sientes nada. Me siento manchada, completamente manchada. No puedes darte cuenta de lo horrible que me parecen ahora los últimos seis meses... cada beso que me has dado está manchado en mi memoria.

Lord Windermere. [*Cruzando hacia ella*]. No digas eso, Margaret. Nunca he amado a nadie en todo el mundo excepto a ti.

Lady Windermere. [*Se pone de pie*]. ¿Quién es esta mujer, entonces? ¿Por qué instalas una casa para ella?

Lord Windermere. No instalé una casa para ella.

Lady Windermere. Tú le diste el dinero para hacerlo, que es lo mismo.

Lord Windermere. Margaret, hasta donde he conocido a Mrs. Erlynne...

Lady Windermere. ¿Hay también un Mr. Erlynne... o es un mito?

Lord Windermere. Su marido murió hace muchos años. Está sola en el mundo.

Lady Windermere. ¿No tiene parientes? [*Una pausa*].

Lord Windermere. Ninguno.

Lady Windermere. Bastante curioso, ¿no? [*A la izquierda*].

Lord Windermere. [*A la izquierda, hacia el centro*]. Margaret, te decía

—y te ruego que me escuches— que hasta donde he conocido a Mrs. Erlynne, se ha comportado bien. Si hace años...

Lady Windermere. ¡Oh! ¡No quiero detalles sobre su vida!

Lord Windermere. [*En el centro*]. No voy a darte ningún detalle sobre su vida. Te digo simplemente esto... Mrs. Erlynne fue una vez honrada, amada, respetada. Había nacido bien, tenía posición... lo perdió todo... lo tiró por la borda, si lo prefieres. Eso lo hace aún más amargo. Las desgracias se pueden soportar... vienen de fuera, son accidentes. Pero sufrir por las propias faltas... ¡ah!... ahí está el aguijón de la vida. Además eso fue hace veinte años. Entonces tú eras poco más que una niña. Ella llevaba siendo esposa incluso menos tiempo que tú.

Lady Windermere. Ella no me interesa, y no deberías mencionarnos a esta mujer y a mí en la misma frase. Es un error de gusto. [*Sentándose a la derecha, en el escritorio*].

Lord Windermere. Margaret, tú podrías salvar a esta mujer. Quiere volver a la sociedad y quiere que la ayudes. [*Cruzando hacia ella*].

Lady Windermere. ¡Yo!

Lord Windermere. Sí, tú.

Lady Windermere. ¡Qué impertinente de su parte! [*Una pausa*].

Lord Windermere. Margaret, he venido a pedirte un gran favor, y aún te lo pido, aunque hayas descubierto lo que quisiera que nunca sepas, que le he dado a Mrs. Erlynne una gran suma de dinero. Quiero que le envíes una invitación para nuestra fiesta de esta noche. [*De pie al lado de ella, a la izquierda*].

Lady Windermere. ¡Tú estás loco! [*Se levanta*].

Lord Windermere. Te lo ruego. La gente puede hablar sobre ella, hablan sobre ella, por supuesto, pero no saben nada definitivo contra ella. Ha estado en varias casas... no en casas a las que tú irías, lo admito, pero sí en casas a las que van las mujeres que están en lo que hoy se llama la sociedad de nuestros días. Eso no la satisface. Quiere que tú la recibas una vez.

Lady Windermere. Como un triunfo para ella, supongo.

Lord Windermere. No; sino porque sabe que tú eres una buena mujer y que si viene aquí una vez tendrá la oportunidad de una vida más feliz y segura de la que ha tenido. No se esforzará por conocerte más. ¿No ayudarás a una mujer que intenta volver a la sociedad?

Lady Windermere. ¡No! Si una mujer se arrepiente de verdad, nunca deseará volver a la sociedad que ha hecho o ha visto su ruina.

Lord Windermere. Te lo ruego.

Lady Windermere. [*Cruzando a la puerta de la derecha*]. Voy a vestirme para la cena, y no vuelvas a mencionar el tema esta noche. Arthur [*dirigiéndose a él, en el centro*], te imaginas que porque no tengo padre ni madre estoy sola en el mundo, y que puedes tratarme como quieras. Te equivocas, tengo amigos, muchos amigos.

Lord Windermere. [*A la izquierda, hacia el centro*]. Margaret, estás hablando como una tonta, imprudentemente. No discutiré contigo, pero insisto en que invites a Mrs. Erlynne esta noche.

Lady Windermere. [*A la derecha, hacia el centro*]. No haré nada de eso. [*Cruzando de la izquierda al centro*].

Lord Windermere. ¿Te niegas? [*En el centro*].

Lady Windermere. ¡Absolutamente!

Lord Windermere. Ah, Margaret, hazlo por mí; es la última oportunidad para ella.

Lady Windermere. ¿Qué tiene eso que ver conmigo?

Lord Windermere. ¡Qué duras son las buenas mujeres!

Lady Windermere. ¡Qué débiles son los hombres malos!

Lord Windermere. Margaret, puede que ninguno de nosotros, los hombres, seamos lo bastante buenos para las mujeres con las que nos casamos, eso es muy cierto, pero no te imaginas que yo alguna vez... ¡oh, la sugerencia es monstruosa!

Lady Windermere. ¿Por qué *tú* deberías ser diferente de los demás hombres? Me han dicho que apenas hay un marido en Londres que no malgaste su vida en *alguna* pasión vergonzosa.

Lord Windermere. Yo no soy uno de ellos.

Lady Windermere. No estoy segura de ello.

Lord Windermere. Estás segura en tu corazón. Pero no crees un abismo tras otro entre nosotros. Dios sabe que los últimos minutos nos han separado lo suficiente. Siéntate y escribe la tarjeta.

Lady Windermere. Nada en el mundo entero me induciría a hacerlo.

Lord Windermere. [*Cruza al buró*]. ¡Entonces lo haré yo! [*Toca el timbre eléctrico, se sienta y escribe la tarjeta*].

Lady Windermere. ¿Vas a invitar a esta mujer? [*Cruzando hacia él*].

Lord Windermere. Sí. [*Pausa. Entra* **Parker**]. ¡Parker!

Parker. Sí, milord. [*Va a la izquierda, en el centro*].
Lord Windermere. Que envíen esta nota a Mrs. Erlynne al n° 84A de Curzon Street. [*Cruza a la izquierda, hacia el centro, y entrega la nota a Parker*]. ¡No espere respuesta!
[*Sale Parker por el centro*].

Lady Windermere. Arthur, si esa mujer viene aquí, la insultaré.
Lord Windermere. Margaret, no digas eso.
Lady Windermere. Lo digo en serio.
Lord Windermere. Niña, si hicieras tal cosa, no hay mujer en Londres que no se compadecerá de ti.
Lady Windermere. No hay una *buena* mujer en Londres que no me aplauda. Nosotras hemos sido demasiado poco estrictas. Debemos dar el ejemplo. Propongo empezar esta noche. [*Cogiendo el abanico*]. Sí, tú me diste este abanico hoy; fue tu regalo de cumpleaños. Si esa mujer cruza mi umbral, la golpearé en la cara con él.
Lord Windermere. Margaret, no podrías hacer tal cosa.
Lady Windermere. ¡Tú no me conoces! [*Se mueve hacia la derecha*]
[*Entra Parker*].
Lady Windermere. ¡Parker!
Parker. Sí, señora.
Lady Windermere. Cenaré en mi propia habitación. De hecho, no quiero cenar. Procure que todo esté listo para las diez y media. Y, Parker, asegúrese de pronunciar los nombres de los invitados muy claramente esta noche. A veces habla tan rápido que me los pierdo. Estoy especialmente ansiosa por oír los nombres con toda claridad, para no equivocarme. ¿Lo entiende, Parker?
Parker. Sí, milady.
Lady Windermere. ¡Con eso está bien!
[*Sale Parker por el centro*].

[*Dirigiéndose a Lord Windermere*]. Arthur, si esa mujer viene aquí... te advierto...
Lord Windermere. ¡Margaret, nos arruinarás!
Lady Windermere. ¡Hablas de nosotros! Desde este momento mi vida está separada de la tuya. Pero si deseas evitar un escándalo público, escribe de inmediato a esta mujer y dile que le prohíbo venir aquí.

Lord Windermere. No lo haré... no puedo... ¡ella debe venir!
Lady Windermere. Entonces haré exactamente lo que he dicho. [*Va a la derecha*]. No me dejas otra opción.

[*Sale por la derecha*].

Lord Windermere. [*Llamándola*]. ¡Margaret! ¡Margaret! [*Una pausa*]. ¡Dios mío! ¿Qué debo hacer? No me atrevo a decirle quién es realmente esta mujer. La vergüenza la mataría. [*Se hunde en una silla y entierra la cara entre las manos*].

Telón

SEGUNDO ACTO

ESCENA

Salón de la casa de Lord Windermere. Puerta a la derecha, que da al salón de baile, donde está tocando la banda. Puerta a la izquierda, por la que entran los invitados. Otra puerta a la izquierda, que da a una terraza iluminada. Palmeras, flores y luces brillantes. Sala abarrotada de invitados. Lady Windermere los recibe.

DUQUESA DE BERWICK. [*Arriba en el centro*] Qué extraño que Lord Windermere no esté aquí. Mr. Hopper también llega muy tarde. ¿Has guardado esos cinco bailes para él, Agatha? [*Baja*].

LADY AGATHA. Sí, mamá.

DUQUESA DE BERWICK. [*Sentada en el sofá*]. Déjame ver tu carnet de baile. Estoy tan contenta de que Lady Windermere haya reanudado la tradición del carnet de baile... Son la única salvaguarda de una madre. ¡Querida cosita sencilla que eres! [*Tacha dos nombres*]. ¡Ninguna buena muchacha debería bailar el vals con unos hijos tan particularmente jóvenes! ¡Parece tan rápido! Los dos últimos bailes podría pasarlos en la terraza con Mr. Hopper.

[*Entran* MR. DUMBY *y* LADY PLYMDALE *desde el salón de baile*].

LADY AGATHA. Sí, mamá.

DUQUESA DE BERWICK. [*Abanicándose*]. El aire es tan agradable allí.

PARKER. Mrs. Cowper-Cowper. Lady Stutfield. Sir James Royston. Mr. Guy Berkeley.

[*Estas personas entran según lo anunciado*].

DUMBY. Buenas noches, Lady Stutfield. ¿Supongo que ésta será la última gala de la temporada?

LADY STUTFIELD. Supongo que sí, Mr. Dumby. Ha sido una temporada encantadora, ¿verdad?

DUMBY. ¡Una delicia! Buenas noches, Duquesa. ¿Supongo que ésta será la última gala de la temporada?

DUQUESA DE BERWICK. Supongo que sí, Mr. Dumby. Ha sido una temporada muy aburrida, ¿verdad?

DUMBY. ¡Terriblemente aburrida! ¡Terriblemente aburrida!

MR. COWPER-COWPER. Buenas noches, Mr. Dumby. ¿Supongo que ésta será la última gala de la temporada?

Dumby. Creo que no. Probablemente habrá dos más. [*Vuelve hacia* Lady Plymdale].
Parker. Mr. Rufford. Lady Jedburgh y Miss Graham. Mr. Hopper.
[*Estas personas entran según lo anunciado*].
Hopper. ¿Cómo está, Lady Windermere? ¿Cómo está usted, Duquesa? [*Se inclina ante* Lady Agatha].
Duquesa de Berwick. Querido Mr. Hopper, qué amable de su parte venir tan temprano. Todos sabemos cómo le persiguen en Londres.
Hopper. ¡Un lugar capital, Londres! En Londres no son tan exclusivos como en Sydney.
Duquesa de Berwick. ¡Ah! Conocemos su valor, Mr. Hopper. Desearíamos que hubiera más gente como usted. Nos haría la vida mucho más fácil. Sabe, Mr. Hopper, la querida Agatha y yo estamos muy interesadas en Australia. Debe ser tan bonita con todos los queridos canguros volando por ahí. Agatha la ha encontrado en el mapa. ¡Qué forma tan curiosa tiene! Como una gran caja de embalaje. Sin embargo, es un país muy joven, ¿verdad?
Hopper. ¿No se hizo al mismo tiempo que los otros, Duquesa?
Duquesa de Berwick. Qué listo es usted, Mr. Hopper. Tiene usted una astucia muy propia. Ahora no debo retenerle.
Hopper. Pero me gustaría bailar con Lady Agatha, Duquesa.
Duquesa de Berwick. Espero que le quede un baile libre. ¿Te queda un baile libre, Agatha?
Lady Agatha. Sí, mamá.
Duquesa de Berwick. ¿El siguiente?
Lady Agatha. Sí, mamá.
Hopper. ¿Me concede el placer? [Lady Agatha *se inclina*].
Duquesa de Berwick. Tenga mucho cuidado con mi pequeña charlatana, Mr. Hopper.
[Lady Agatha *y* Mr. Hopper *pasan al salón de baile*].
[*Entra* Lord Windermere].
Lord Windermere. Margaret, quiero hablar contigo.
Lady Windermere. En un momento. [*Baja la música*].
Parker. Lord Augustus Lorton.
[*Entra* Lord Augustus].
Lord Augustus. Buenas noches, Lady Windermere.
Duquesa de Berwick. Sir James, ¿me acompaña al salón de baile? Augustus ha cenado con nosotros esta noche. Realmente ya he

tenido bastante del querido Augustus por el momento.

[Sir James Royston *da el brazo a la* Duquesa *y la acompaña al salón de baile*].

Parker. Mr. Arthur Bowden y Mrs. Bowden. Lord y Lady Paisley. Lord Darlington.

[*Estas personas entran según lo anunciado*].

Lord Augustus. [*Acercándose a* Lord Windermere]. Quiero hablar contigo en particular, querido muchacho. Estoy agotado como una sombra. Es cierto que no lo parezco. Ninguno de nosotros los hombres aparentamos lo que realmente somos. Eso es algo malditamente bueno, también. Lo que quiero saber es esto. ¿Quién es ella? ¿De dónde viene? ¿Por qué no tiene malditas relaciones? Maldita molestia, ¡las relaciones! Pero le hacen a uno tan malditamente respetable.

Lord Windermere. ¿Está hablando de Mrs. Erlynne, supongo? Sólo la conocí hace seis meses. Hasta entonces, nunca supe de su existencia.

Lord Augustus. La ha visto mucho desde entonces.

Lord Windermere. [*Fríamente*]. Sí, la he visto mucho desde entonces. Acabo de verla.

Lord Augustus. ¡Caramba! Las mujeres están muy enojadas con ella. ¡He estado cenando con Arabella esta noche! ¡Caramba! Deberías haber oído lo que dijo de Mrs. Erlynne. No le dejó un trapo encima... [*A un lado*]. Berwick y yo le dijimos que eso no importaba mucho, ya que la dama en cuestión debía tener una figura extremadamente fina. ¡Deberías haber visto la expresión de Arabella!... Pero, mira, querido muchacho. No sé qué hacer con Mrs. Erlynne. ¡Caramba! Podría estar casado con ella; me trata con tan maldita indiferencia. ¡Ella es muy inteligente, también! Ella lo explica todo. ¡Caramba! Ella te explica a ti. Ella tiene cualquier cantidad de explicaciones sobre ti... y todas ellas diferentes.

Lord Windermere. Las explicaciones sobre mi amistad con Mrs. Erlynne no son necesarias.

Lord Augustus. ¡Ejem! Bueno, mira, querido viejo amigo. ¿Crees que alguna vez ella entrará en esta maldita cosa llamada la buena sociedad? ¿Podrías presentarla a tu esposa? No sirve de nada andarse con rodeos. ¿Lo harías?

Lord Windermere. Mrs. Erlynne vendrá aquí esta noche.

Lord Augustus. ¿Tu esposa le ha enviado una tarjeta?

Lord Windermere. Mrs. Erlynne ha recibido una tarjeta.

Lord Augustus. Entonces está bien, querido muchacho. Pero, ¿por qué no me lo dijiste antes? ¡Me habría ahorrado un montón de preocupaciones y malditos malentendidos!

[Lady Agatha *y* Mr. Hopper *cruzan y salen por la terraza a la izquierda*].

Parker. ¡Mr. Cecil Graham!

[*Entra* Mr. Cecil Graham].

Cecil Graham. [*Hace una reverencia a* Lady Windermere, *pasa y estrecha la mano de* Lord Windermere]. Buenas noches, Arthur. ¿Por qué no me preguntas cómo estoy? Me gusta que la gente me pregunte cómo estoy. Demuestra un gran interés por mi salud. Ahora bien, esta noche no estoy nada bien. He estado cenando con mi familia. Me pregunto por qué la familia de uno es siempre tan tediosa. Mi padre hablaba de moral después de cenar. Le dije que ya era mayor para saberlo mejor. Pero mi experiencia es que tan pronto como la gente es lo bastante mayor para saber más, no sabe nada en absoluto. ¡Hola, Tuppy! He oído que vas a casarte otra vez; creía que estabas cansado de ese juego.

Lord Augustus. Eres excesivamente trivial, querido muchacho, ¡excesivamente trivial!

Cecil Graham. Por cierto, Tuppy, ¿cómo es? ¿Has estado dos veces casado y una divorciado, o dos veces divorciado y una casado? Yo digo que has estado dos veces divorciado y una vez casado. Parece mucho más probable.

Lord Augustus. Tengo muy mala memoria. Realmente no recuerdo cómo es. [*Se aleja hacia la derecha*].

Lady Plymdale. Lord Windermere, tengo algo muy especial que preguntarle.

Lord Windermere. Me temo, si me disculpa, que debo reunirme con mi esposa.

Lady Plymdale. Oh, no debe soñar con tal cosa. Es muy peligroso hoy en día que un marido preste atención a su mujer en público. Siempre hace pensar a la gente que él la golpea cuando están a solas. El mundo se ha vuelto tan receloso de cualquier cosa que parezca una feliz vida matrimonial. Pero le diré de lo que quiero hablar en la cena. [*Se mueve hacia la puerta del salón de baile*].

Lord Windermere. [*En el centro*]. ¡Margaret! *Debo* hablar contigo.

Lady Windermere. ¿Me sostiene el abanico, Lord Darlington? Gracias. [*Viene hacia él*].
Lord Windermere. [*Cruzando hacia ella*]. Margaret, lo que dijiste antes de la cena era, por supuesto, imposible...
Lady Windermere. ¡Esa mujer no vendrá aquí esta noche!
Lord Windermere. [*A la derecha, hacia el centro*]. Mrs. Erlynne va a venir aquí, y si de algún modo la molestas o la hieres, nos traerá vergüenza y dolor a ambos. ¡Recuérdalo! ¡Ah, Margaret! ¡Sólo confía en mí! ¡Una esposa debe confiar en su marido!
Lady Windermere. [*En el centro*]. Londres está lleno de mujeres que confían en sus maridos. Una siempre puede reconocerlas. Parecen tan completamente infelices. Yo no voy a ser una de ellas. [*Se acerca*]. Lord Darlington, ¿me devuelve mi abanico, por favor? Gracias... Una cosa útil un abanico, ¿no?... Quiero un amigo esta noche, Lord Darlington... No sabía que querría uno tan pronto.
Lord Darlington. ¡Lady Windermere! Sabía que algún día llegaría el momento; pero ¿por qué esta noche?
Lord Windermere. Se lo diré yo. Debo hacerlo. Sería terrible si hubiera alguna escena. Margaret...
Parker. ¡Mrs. Erlynne!
[**Lord Windermere** *se sobresalta. Entra* **Mrs. Erlynne,** *muy bien vestida y muy digna.* **Lady Windermere** *se aferra a su abanico y luego lo deja caer sobre la puerta. Se inclina fríamente ante* **Mrs. Erlynne,** *que a su vez se inclina dulcemente ante ella, y entra en la sala*].
Lord Darlington. Se le ha caído el abanico, Lady Windermere. [*Lo recoge y se lo entrega*].
Mrs. Erlynne. [*En el centro*]. ¿Cómo está usted, una vez más, Lord Windermere? ¡Qué encantadora está su dulce esposa! ¡Parece una pintura!
Lord Windermere. [*En voz baja*]. ¡Ha sido terriblemente imprudente de su parte al venir aquí!
Mrs. Erlynne. [*Sonriendo*]. Lo más sabio que he hecho en mi vida. Y, por cierto, debe prestarme mucha atención esta noche. Tengo miedo de las mujeres. Debe presentarme a algunas de ellas. Con los hombres siempre puedo arreglármelas. ¿Cómo está usted, Lord Augustus? Me ha descuidado bastante últimamente. No le he visto desde ayer. Me temo que es infiel. Todos me lo han dicho.
Lord Augustus. [*A la derecha*]. Ahora bien... realmente, Mrs. Erlyn-

ne, permítame explicarle.
Mrs. Erlynne. [*A la derecha, hacia el centro*]. No, querido Lord Augustus, usted no puede explicar nada. Es su principal encanto.
Lord Augustus. ¡Ah! Si encuentra encantos en mí, Mrs. Erlynne...
[*Conversan juntos.* **Lord Windermere** *se mueve inquieto por la habitación observando a* **Mrs. Erlynne**].
Lord Darlington. [*A* **Lady Windermere**]. ¡Qué pálida está!
Lady Windermere. ¡Los cobardes siempre están pálidos!
Lord Darlington. Se ve débil. Salga a la terraza.
Lady Windermere. Sí. [*A* **Parker**]. Parker, envía a por mi capa.
Mrs. Erlynne. [*Cruzando hacia ella*]. Lady Windermere, qué bellamente iluminada está su terraza. Me recuerda a la del Príncipe Doria en Roma.
[**Lady Windermere** *hace una fría reverencia y se marcha con* **Lord Darlington**].
¿Cómo está usted, Mr. Graham? ¿No es ésa su tía, Lady Jedburgh? Me gustaría tanto conocerla.
Cecil Graham. [*Tras un momento de vacilación y vergüenza*]. Oh, desde luego, si usted lo desea. Tía Caroline, permíteme presentarte a Mrs. Erlynne.
Mrs. Erlynne. Encantada de conocerla, Lady Jedburgh. [*Se sienta a su lado en el sofá*]. Su sobrino y yo somos grandes amigos. Estoy muy interesada en su carrera política. Creo que seguro que tendrá un gran éxito. Piensa como un Tory, y habla como un Radical, y eso es tan importante hoy en día. Además, es un orador brillante. Pero todos sabemos de quién hereda eso. Lord Allandale me decía ayer mismo, en el parque, que Mr. Graham habla casi tan bien como su tía.
Lady Jedburgh. [*A la derecha*]. ¡Muy amable de su parte decirme estas cosas tan encantadoras! [**Mrs. Erlynne** *sonríe, y continúa la conversación*].
Dumby. [*A* **Cecil Graham**]. ¿Le presentaste Mrs. Erlynne a Lady Jedburgh?
Cecil Graham. Tuve que hacerlo, querido amigo. No pude evitarlo. Esa mujer puede hacer que uno haga lo que ella quiere. Cómo, no lo sé.
Dumby. ¡Espero por Dios que no me hable! [*Se pasea hacia* **Lady Plymdale**].
Mrs. Erlynne. [*En el centro. A* **Lady Jedburgh**]. ¿El jueves? Con mucho gusto. [*Se pone de pie y habla con* **Lord Windermere**, *riendo*].

¡Qué aburrido es tener que ser cortés con estas viejas viudas! ¡Pero siempre insisten en ello!

Lady Plymdale. [*A* **Mr. Dumby**]. ¿Quién es esa mujer tan bien vestida que habla con Windermere?

Dumby. ¡No tengo la menor idea! Parece una *édition de luxe* de una perversa novela francesa, pensada especialmente para el mercado inglés.

Mrs. Erlynne. ¿Así que ese es el pobre Dumby con Lady Plymdale? He oído que está terriblemente celosa de él. No parece ansioso por hablar conmigo esta noche. Supongo que le tiene miedo. Esas mujeres pajizas tienen un temperamento espantoso. Sabe, creo que bailaré con usted primero, Windermere. [**Lord Windermere** *se muerde el labio y frunce el ceño*]. ¡Eso hara que Lord Augustus se ponga tan celoso! ¡Lord Augustus! [**Lord Augustus** *viene*]. Lord Windermere insiste en que baile con él primero y, como es su propia casa, no puedo negarme. Usted sabe que preferiría bailar antes con usted.

Lord Augustus. [*Con una reverencia profunda*]. Ojalá pudiera pensar así, Mrs. Erlynne.

Mrs. Erlynne. Usted lo sabe demasiado bien. Me imagino a una persona bailando por la vida con usted y encontrándolo encantador.

Lord Augustus. [*Colocando su mano sobre su chaleco blanco*]. Oh, gracias, gracias. ¡Usted es la más adorable de todas las damas!

Mrs. Erlynne. ¡Qué bonito discurso! ¡Tan simple y tan sincero! Justo el tipo de discurso que me gusta. Bien, sostendrá mi ramo. [*Va hacia el salón de baile del brazo de* **Lord Windermere**]. Ah, Mr. Dumby, ¿cómo está? Siento mucho haber estado fuera las tres últimas veces que me ha visitado. Venga a almorzar el viernes.

Dumby. [*Con perfecta despreocupación*]. ¡Encantado!

[**Lady Plymdale** *mira con indignación a* **Mr. Dumby**. **Lord Augustus** *sigue a* **Mrs. Erlynne** *y a* **Lord Windermere** *al salón de baile con el ramo en la mano*].

Lady Plymdale. [*A* **Mr. Dumby**]. ¡Qué absoluto bruto eres! ¡Nunca puedo creer una palabra de lo que dices! ¿Por qué me dijiste que no la conocías? ¿Qué quieres decir visitándola tres veces seguidas? No debes ir a comer allí; por supuesto, ¿lo entiendes?

Dumby. ¡Mi querida Laura, ni sueño con ir!

Lady Plymdale. ¡Aún no me has dicho su nombre! ¿Quién es ella?
Dumby. [*Tose ligeramente y se alisa el pelo*]. Es una tal Mrs. Erlynne.
Lady Plymdale. ¡Esa mujer!
Dumby. Sí; así la llama todo el mundo.
Lady Plymdale. ¡Qué interesante! ¡Qué increíblemente interesante! Realmente debo echarle un buen vistazo. [*Va a la puerta del salón de baile y mira dentro*]. He oído las cosas más espantosas sobre ella. Dicen que está arruinando al pobre Windermere. ¡Y Lady Windermere, que es considerada tan correcta, la invita! ¡Es extremadamente divertido! Se necesita una mujer completamente buena para hacer una cosa completamente estúpida. ¡Tú vas a almorzar allí el viernes!
Dumby. ¿Por qué?
Lady Plymdale. Porque quiero que lleves a mi marido contigo. Él ha estado tan atento últimamente, que se ha convertido en una molestia total. Ahora bien, esta mujer es justo lo que necesita. Bailará tras ella, atendiéndola mientras ella se lo permita, y no me molestará. Te aseguro que las mujeres de ese tipo son muy útiles. Son la base de los matrimonios de otras personas.
Dumby. ¡Qué misterio que eres!
Lady Plymdale. [*Mirándole*]. ¡Ojalá lo fueras *tú!*
Dumby. Lo soy... para mí mismo. Soy la única persona del mundo a la que me gustaría conocer a fondo; pero no veo ninguna posibilidad de ello por el momento.
[*Pasan al salón de baile, y* **Lady Windermere** *y* **Lord Darlington** *entran desde la terraza*].
Lady Windermere. Sí. Su venida aquí es monstruosa, insoportable. Ahora sé lo que quería decir usted hoy, a la hora del té. ¿Por qué no me lo dijo directamente? Debería haberlo hecho.
Lord Darlington. ¡No podría! ¡Un hombre no puede contar estas cosas sobre otro hombre! Pero si hubiera sabido que iba a hacer que la invitara aquí esta noche, creo que se lo habría dicho. Ese insulto, en todo caso, se lo habría ahorrado.
Lady Windermere. No la invité. Él insistió en que viniera, contra mis ruegos, contra mis órdenes. ¡Oh! ¡La casa está manchada para mí! Siento que todas las mujeres de aquí se ríen de mí cuando ella pasa bailando con mi marido. ¿Qué he hecho para merecer esto? Yo le di toda mi vida a él. Él la tomó... la usó... ¡la manchilló! Estoy degradada ante mis propios ojos; y carezco de valor... ¡soy una cobarde! [*Se sienta en el sofá*].

Lord Darlington. ¡Si la conozco en algo, sé que usted no puede vivir con un hombre que la trata así! ¿Qué clase de vida tendría con él? Sentiría que le miente a cada momento del día. Sentiría que su mirada es falsa, su voz falsa, su tacto falso, su pasión falsa. Acudiría a usted cuando estuviera cansado de las demás; usted tendría que consolarle. Vendría a usted cuando estuviera entregado a las demás; usted tendría que encantarle. Usted tendría que ser para él la máscara de su vida real, el manto para ocultar su secreto.

Lady Windermere. Tiene usted razón, tiene usted toda la razón. Pero, ¿adónde voy a ir? Usted dijo que sería mi amigo, Lord Darlington. Dígame, ¿qué debo hacer? Sea mi amigo ahora.

Lord Darlington. Entre hombres y mujeres no hay amistad posible. Hay pasión, enemistad, adoración, amor, pero no amistad. Te amo...

Lady Windermere. ¡No, no!

Lord Darlington. ¡Sí, te amo! Usted es para mí más que nada en el mundo entero. ¿Qué le da su marido? Nada. Lo que hay en él se lo da a esta desdichada mujer, a la que ha metido en su sociedad, en su casa, para avergonzarla ante todos. Yo le ofrezco mi vida...

Lady Windermere. ¡Lord Darlington!

Lord Darlington. Mi vida... toda mi vida. Tómala y haz con ella lo que quieras... Te amo... te amo como nunca he amado a ningún ser vivo. Desde el momento en que te conocí te amé, ¡te amé ciegamente, con adoración, con locura! No lo sabías entonces... ¡lo sabes ahora! Abandona esta casa esta noche. No te diré que el mundo no importa nada, ni la voz del mundo, ni la voz de la sociedad. Importan mucho. Importan demasiado. Pero hay momentos en los que uno tiene que elegir entre vivir su propia vida, plena, enteramente, completamente, o arrastrar una existencia falsa, superficial y degradante que el mundo en su hipocresía exige. Tú tienes ese momento ahora. Elige. Oh, amor mío, elige.

Lady Windermere. [*Se aleja lentamente de él y le mira con ojos sobresaltados*]. No tengo valor.

Lord Darlington. [*Siguiéndola*]. Sí; tienes el valor. Puede que haya seis meses de dolor, de desgracia incluso, pero cuando ya no lleves su nombre, cuando lleves el mío, todo estará bien. Margaret, mi amor, mi esposa, que algún día serás... ¡Sí, mi esposa!

¡Tú lo sabes! ¿Qué eres ahora? Esta mujer tiene el lugar que te pertenece por derecho. ¡Oh! Sal de esta casa, con la cabeza erguida, con una sonrisa en los labios, con coraje en los ojos. Todo Londres sabrá por qué lo hiciste; ¿y quién te culpará? Nadie. Y si lo hacen, ¿qué importa? ¿Está mal? ¿Qué está mal? Está mal que un hombre abandone a su esposa por una desvergonzada. Está mal que una esposa permanezca con un hombre que la deshonra tanto. Una vez dijiste que no harías concesiones con las cosas. No hagas ninguna ahora. ¡Sé valiente! ¡Sé tu misma!

Lady Windermere. Tengo miedo de ser yo misma. ¡Déjeme pensar! ¡Déjeme esperar! Puede que mi marido vuelva a mí. [*Se sienta en el sofá*].

Lord Darlington. ¡Y tú te lo aceptarías de vuelta! No eres lo que yo creía. Eres igual que cualquier otra mujer. Soportarías cualquier cosa antes que enfrentarte a la censura de un mundo cuyos elogios despreciarías. En una semana estarás paseando con esta mujer en el parque. Serás su invitada constante... su amiga más querida. Tú soportarías cualquier cosa antes que romper de un golpe este monstruoso lazo. Tienes razón. No tienes valor; ¡ninguno!

Lady Windermere. Ah, deme tiempo para pensar. No puedo responderle ahora. [*Se pasa la mano nerviosamente por la frente*].

Lord Darlington. Debe ser ahora o nunca.

Lady Windermere. [*Levantándose del sofá*]. ¡Entonces, nunca! [*Una pausa*].

Lord Darlington. ¡Me rompe el corazón!

Lady Windermere. El mío ya está roto. [*Una pausa*].

Lord Darlington. Mañana dejo Inglaterra. Esta es la última vez que la veré. Nunca volverá a verme. Por un momento nuestras vidas se encontraron... nuestras almas se tocaron. Nunca deben encontrarse o tocarse de nuevo. Adiós, Margaret. [*Sale*].

Lady Windermere. ¡Qué sola estoy en la vida! ¡Qué terriblemente sola!

[*La música se detiene. Entran la* **Duquesa de Berwick** *y* **Lord Paisley** *riendo y hablando. Otros invitados vienen del salón de baile*].

Duquesa de Berwick. Querida Margaret, acabo de tener una charla encantadora con Mrs. Erlynne. Siento mucho lo que te dije esta tarde sobre ella. Por supuesto, debe ser alguien correcto si *tú* la invitas. Una mujer de lo más atractiva, y tiene unos puntos de vista tan sensatos sobre la vida. Me dijo que desaprobaba totalmente que la gente se case más de una vez, así que me siento bastante segura respecto al pobre Augustus. No puedo imaginar por qué la gente habla en contra de ella. Son esas horribles sobrinas mías, las muchachas Saville, siempre hablando de escándalos. Aún así, yo debería ir a Homburg, querida, realmente debería. Ella es demasiado atractiva. Pero, ¿dónde está Agatha? Oh, ahí está... [**Lady Agatha** y **Mr. Hopper** *entran desde la terraza a la izquierda*]. Mr. Hopper, estoy muy, muy enfadada con usted. Ha sacado a Agatha a la terraza, y ella es tan delicada.

Hopper. Lo siento mucho, Duquesa. Salimos un momento y luego nos pusimos a charlar.

Duquesa de Berwick. [*En el centro*]. Ah, ¿sobre la querida Australia, supongo?

Hopper. ¡Sí!

Duquesa de Berwick. ¡Agatha, querida! [*Le hace señas para que se acerque*].

Lady Agatha. ¡Sí, mamá!

Duquesa de Berwick. [*A un lado*]. ¿Mr. Hopper definitivamente...?

Lady Agatha. Sí, mamá.

Duquesa de Berwick. ¿Y qué respuesta le diste, querida niña?

Lady Agatha. Sí, mamá.

Duquesa de Berwick. [*Afectuosamente*]. ¡Mi querida! Siempre dices lo correcto. ¡Mr. Hopper! ¡James! Agatha me lo ha contado todo. Qué hábilmente han guardado el secreto.

Hopper. ¿No le importa que me lleve a Agatha a Australia, entonces, Duquesa?

Duquesa de Berwick. [*Indignada*]. ¿A Australia? Oh, no mencione ese espantoso y vulgar lugar.

Hopper. Pero ella dijo que le gustaría venir conmigo.

Duquesa de Berwick. [*Severamente*]. ¿Has dicho eso, Agatha?

Lady Agatha. Sí, mamá.

Duquesa de Berwick. Agatha, dices las mayores tonterías posibles. Creo que, en general, Grosvenor Square sería un lugar más saludable para residir. En Grosvenor Square vive mucha gente vulgar, pero en cualquier caso no hay horribles canguros arrastrándose por ahí. Pero de eso hablaremos mañana. James, puedes acompañar a Agatha a la salida. Vendrás a almorzar, por supuesto, James. A la una y media, en vez de a las dos. El Duque deseará decirte unas palabras, de eso estoy segura.

Hopper. Me gustaría charlar con el Duque, Duquesa. Aún no me ha dicho ni una sola palabra.

Duquesa de Berwick. Creo que encontrarás que él tiene mucho para decirte mañana. [*Sale* **Lady Agatha** *con* **Mr. Hopper**]. Y ahora buenas noches, Margaret. Me temo que es la vieja, vieja historia, querida. El amor... bueno, no el amor a primera vista, sino el amor de final de temporada, que es mucho más satisfactorio.

Lady Windermere. Buenas noches, Duquesa.

[*Sale la* **Duquesa de Berwick** *del brazo de* **Lord Paisley**].

Lady Plymdale. Mi querida Margaret, ¡con qué mujer tan guapa ha estado bailando su marido! ¡Si yo fuera usted estaría muy celosa! ¿Es una gran amiga suya?

Lady Windermere. ¡No!

Lady Plymdale. ¿De verdad? Buenas noches, querida. [*Mira a* **Mr. Dumby** *y sale*].

Dumby. ¡Qué malos modales tiene el joven Hopper!

Cecil Graham. ¡Ah! Hopper es un caballero nacido de la naturaleza, el peor tipo de caballero que conozco.

Dumby. Una mujer sensata, Lady Windermere. Muchas esposas se habrían opuesto a que viniera Mrs. Erlynne. Pero Lady Windermere tiene esa cosa poco común llamada sentido común.

Cecil Graham. Y Windermere sabe que nada se parece tanto a la inocencia como una indiscreción.

Dumby. Sí; el querido Windermere se está volviendo casi moderno. Nunca pensé que lo haría. [*Hace una reverencia a* **Lady Windermere** *y se marcha*].

Lady Jedburgh. Buenas noches, Lady Windermere. ¡Qué mujer tan fascinante es Mrs. Erlynne! Ella vendrá a comer el jueves, ¿no vendrá usted también? Invité al Obispo y a la querida Lady Merton.

Lady Windermere. Me temo que estoy comprometida, Lady Jedburgh.

Lady Jedburgh. Lo siento mucho. Ven, querida. [*Salen* **Lady Jedburgh** *y* **Miss Graham**].

[*Entran* **Mrs. Erlynne** *y* **Lord Windermere**].

Mrs. Erlynne. ¡Ha sido un baile encantador! Me recuerda tanto a los viejos tiempos. [*Se sienta en el sofá*]. Y veo que hay tantos tontos en la sociedad como antes. ¡Me complace comprobar que nada ha cambiado! Excepto Margaret. Se ha puesto muy guapa. La última vez que la vi, hace veinte años, era un espanto vestido de franela. Un auténtico espanto, se lo aseguro. ¡La querida Duquesa! ¡Y esa dulce Lady Agatha! ¡Justo el tipo de muchacha que me gusta! Bueno, de verdad, Windermere, si voy a ser la cuñada de la Duquesa...

LORD WINDERMERE. [*Sentado a la izquierda de ella*]. ¿Pero está usted...?

[*Sale* MR. CECIL GRAHAM *con el resto de los invitados.* LADY WINDERMERE *observa, con una mirada de desprecio y dolor, a* MRS. ERLYNNE *y a su marido. No son conscientes de la presencia de ella*].

MRS. ERLYNNE. ¡Oh, sí! ¡Va a visitarme mañana a las doce! Él quería declararse esta noche. De hecho, ya lo hizo. No paraba de proponérmelo. Pobre Augustus, ya sabe cómo se repite. ¡Qué mala costumbre! Pero le dije que no le daría una respuesta hasta mañana. Por supuesto que voy a aceptarlo. Y me atrevo a decir que seré una esposa admirable, considerando como son las esposas... Y hay mucho de bueno en Lord Augustus. Afortunadamente está todo en la superficie. Justo donde deben estar las buenas cualidades. Por supuesto que usted debe ayudarme en este asunto.

LORD WINDERMERE. Supongo que no me solicita que anime a Lord Augustus.

MRS. ERLYNNE. ¡Oh, no! Yo me encargo de animarlo. Pero me asegurará una buena dote, Windermere, ¿verdad?

LORD WINDERMERE. [*Frunce el ceño*]. ¿Es de eso de lo que quiere hablarme esta noche?

MRS. ERLYNNE. Sí.

LORD WINDERMERE. [*Con un gesto de impaciencia*]. No hablaré de ello aquí.

MRS. ERLYNNE. [*Riéndose*]. Entonces hablaremos de ello en la terraza. Incluso los negocios deberían tener un fondo pintoresco. ¿No debería ser así, Windermere? Con un fondo apropiado las mujeres pueden hacer cualquier cosa.

LORD WINDERMERE. ¿No le vendría bien mañana?

MRS. ERLYNNE. No; verá, mañana voy a aceptarlo. Y creo que sería algo bueno si pudiera decirle que tengo... bueno, ¿qué debo decir?... 2.000 libras al año que me ha dejado un primo segundo... o un segundo marido... o algún pariente lejano por el estilo. Sería un atractivo adicional, ¿verdad? Ahora tiene una deliciosa oportunidad de hacerme un cumplido, Windermere. Pero usted no es muy hábil haciendo cumplidos. Me temo que Margaret no le anima en ese excelente hábito. Es un gran error de su parte. Cuando los hombres renuncian a decir lo que es encantador, renuncian a pensar lo que es encantador. Pero en serio, ¿qué me dice de 2.000 libras? 2.500, creo. En la vida moderna el margen lo es todo. Windermere, ¿no cree que el mundo es un lugar intensamente divertido? Yo sí que lo creo.

[*Sale a la terraza con* LORD WINDERMERE. *Suena música en el salón de baile*].

LADY WINDERMERE. Permanecer más tiempo en esta casa es imposible. Esta noche un hombre que me ama me ofreció toda su vida. Lo rechacé. Fue una tontería de mi parte. Ahora le ofreceré la mía. Le daré la mía. Iré con él. [*Se pone la capa y va hacia la puerta, luego da media vuelta. Se sienta a la mesa y escribe una carta, la mete en un sobre y la deja sobre la mesa*]. Arthur nunca me ha entendido. Cuando lea esto, lo hará. Ahora puede hacer con su vida lo que quiera. Yo he hecho con la mía lo que he creído mejor, lo que he creído correcto. Es él quien ha roto el vínculo del matrimonio, no yo. Yo sólo rompo su servidumbre.

[*Sale*].

[PARKER *entra por la izquierda y cruza hacia el salón de baile a la derecha. Entra* MRS. ERLYNNE].
MRS. ERLYNNE. ¿Lady Windermere está en el salón de baile?
PARKER. Su señoría acaba de salir.
MRS. ERLYNNE. ¿Ha salido? ¿No está en la terraza?
PARKER. No, señora. Su señoría acaba de salir de casa.
MRS. ERLYNNE. [*Se sobresalta y mira al criado con una expresión de perplejidad en el rostro.*] ¿Salir de casa?
PARKER. Sí, señora... Su señoría me dijo que había dejado una carta para el señor sobre la mesa.
MRS. ERLYNNE. ¿Una carta para Lord Windermere?
PARKER. Sí, señora.
MRS. ERLYNNE. Gracias.
[*Sale* PARKER. *La música en el salón de baile se detiene*]. ¡Salir de casa! ¡Una carta dirigida a su marido! [*Se acerca al buró y mira la carta. La coge y la vuelve a dejar en el suelo con un estremecimiento de miedo*]. ¡No, no! ¡Sería imposible! ¡La vida no repite así sus tragedias! Oh, ¿por qué me asalta esta horrible fantasía? ¿Por qué

recuerdo ahora el único momento de mi vida que más deseo olvidar? ¿Acaso la vida repite sus tragedias? [*Abre la carta y la lee, luego se hunde en una silla con un gesto de angustia*]. ¡Oh, qué terrible! ¡Las mismas palabras que hace veinte años escribí a su padre! ¡Y cuán amargamente he sido castigada por ello! No; mi castigo, mi verdadero castigo será esta noche, ¡es ahora! [*Todavía sentada a la derecha*].

[*Entra* LORD WINDERMERE *por la izquierda*].

LORD WINDERMERE. ¿Ha dicho buenas noches a mi esposa? [*Viene al centro*].

MRS. ERLYNNE. [*Arrugando la carta en su mano*]. Sí.

LORD WINDERMERE. ¿Dónde está?

MRS. ERLYNNE. Está muy cansada. Se ha ido a la cama. Dice que le duele la cabeza.

LORD WINDERMERE. Debo ir a verla. ¿Me disculpa?

MRS. ERLYNNE. [*Levantándose apresuradamente*]. ¡Oh, no! No es nada grave. Sólo está muy cansada, eso es todo. Además, todavía hay gente en el comedor. Ella quiere que usted pida disculpas por ella. Y ella dijo que no deseaba ser molestada. [*Deja caer la carta*]. ¡Me pidió que se lo dijera!

LORD WINDERMERE. [*Recoge la carta*]. Se le ha caído algo.

MRS. ERLYNNE. Oh sí, gracias, es mío. [*Extiende su mano para cogerlo*].

LORD WINDERMERE. [*Sigue mirando la carta*]. Pero es la letra de mi esposa, ¿no?

MRS. ERLYNNE. [*Coge la carta rápidamente*]. Sí, es... una dirección. ¿Quiere pedir que traigan mi carruaje, por favor?

LORD WINDERMERE. Ciertamente.

[*Va a la izquierda y sale*].

MRS. ERLYNNE. ¡Gracias...! ¿Qué puedo hacer? ¿Qué puedo hacer? Siento que se despierta en mí una pasión que nunca antes había sentido. ¿Qué puede significar? La hija no debe ser como la madre... eso sería terrible. ¿Cómo puedo salvarla? ¿Cómo puedo salvar a mi hija? Un momento puede arruinar una vida. ¿Quién lo sabe mejor que yo? Hay que sacar a Windermere de la casa; es absolutamente necesario. [*Va a la izquierda*]. ¿Pero, cómo lo haré? Debe hacerse de algún modo. ¡Ah!

[*Entra* LORD AUGUSTUS *por la derecha trayendo un ramo de flores*].

LORD AUGUSTUS. Querida señora, ¡estoy en tal suspense! ¿No po-

dría tener una respuesta a mi pedido?
Mrs. Erlynne. Lord Augustus, escúcheme. Debe llevar a Lord Windermere a su club de inmediato, y retenerlo allí el mayor tiempo posible. ¿Lo ha entendido?
Lord Augustus. ¡Pero usted dijo que deseaba que madrugara!
Mrs. Erlynne. [*Nerviosamente*]. Haga lo que le digo. Haga lo que le digo.
Lord Augustus. ¿Y mi recompensa?
Mrs. Erlynne. ¿Su recompensa? ¿Su recompensa? ¡Oh! Pregúnteme eso mañana. Pero no pierda de vista a Windermere esta noche. Si lo hace nunca se lo perdonaré. Nunca volveré a hablarle. No tendré nada que ver con usted. Recuerde que debe mantener a Windermere en su club, y no le deje volver esta noche.

[*Sale por la izquierda*].

Lord Augustus. Bueno, en realidad, ya podría ser su marido. Con seguridad que podría. [*La sigue, desconcertado*].

Telón

TERCER ACTO

ESCENA

Las habitaciones de Lord Darlington. Un gran sofá está delante de la chimenea a la derecha. Al fondo del escenario, una cortina cruza la ventana. Puertas a la izquierda y a la derecha. Mesa a la derecha con materiales de escritura. Mesa en el centro con sifones, vasos y decantadores con whisky. Mesa a la izquierda con caja de puros y cigarrillos. Lámparas encendidas.

LADY WINDERMERE. [*De pie junto a la chimenea*]. ¿Por qué no viene? Esta espera es horrible. Él ya debería estar aquí. ¿Por qué no está aquí, para despertar con palabras apasionadas algún fuego dentro de mí? Estoy fría... fría como una cosa sin amor. Arthur ya debe haber leído mi carta. Si le importara, habría venido a por mí, me habría llevado por la fuerza. Pero no le importa. Está embelesado por esta mujer... fascinado por ella... dominado por ella. Si una mujer quiere retener a un hombre, sólo tiene que apelar a lo peor que hay en él. Hacemos dioses de los hombres y nos abandonan. Otras los convertimos en brutos y ellos nos adulan y son fieles. ¡Qué horrible es la vida!... ¡Oh! Ha sido una locura de mi parte venir aquí, una locura horrible. Y sin embargo, me pregunto, ¿qué es peor, estar a merced de un hombre que la ama a una, o ser la esposa de un hombre que en su propia casa la deshonra? ¿Qué mujer lo sabe? ¿Qué mujer en el mundo entero? Pero, ¿me amará siempre, este hombre al que entrego mi vida? ¿Qué le aporto? Labios que han perdido la nota de alegría, ojos cegados por las lágrimas, manos frías y corazón helado. No le traigo nada. Debo volver... no; no puedo volver, mi carta me ha puesto en su poder... ¡Arthur no me aceptaría de vuelta! ¡Esa carta fatal! ¡No! Lord Darlington parte de Inglaterra mañana. Iré con él... no tengo elección. [*Se sienta unos instantes. Luego se levanta y se pone la capa*]. ¡No, no! Volveré y dejaré que Arthur haga conmigo lo que le plazca. No puedo esperar aquí. Ha sido una locura mi llegada. Debo irme de inmediato. En cuanto a Lord Darlington... ¡Oh! ¡Aquí está! ¿Qué debo hacer? ¿Qué puedo decirle? ¿Me dejará marchar? He oído que los hombres son brutales, horribles... ¡Oh! [*Esconde la cara*

entre las manos].
[*Entra* **Mrs. Erlynne** *por la izquierda*].
Mrs. Erlynne. ¡Lady Windermere! [**Lady Windermere** *se sobresalta y levanta la vista. Luego retrocede con desprecio*]. Gracias a Dios llego a tiempo. Debe volver a casa de su marido inmediatamente.
Lady Windermere. ¿Debe?
Mrs. Erlynne. [*Con autoridad*]. ¡Sí, debe hacerlo! No hay un segundo que perder. Lord Darlington puede volver en cualquier momento.
Lady Windermere. ¡No se acerque a mí!
Mrs. Erlynne. ¡Oh! Está al borde de la ruina, está al borde de un horrible precipicio. Debe abandonar este lugar de inmediato, mi carruaje la espera en la esquina de la calle. Debe venir conmigo e ir directamente a casa.
[**Lady Windermere** *se quita la capa y la arroja sobre el sofá*].
¿Qué está haciendo?
Lady Windermere. Mrs. Erlynne... si usted no hubiera venido aquí, yo habría regresado. Pero ahora que la veo, siento que nada en el mundo entero me induciría a vivir bajo el mismo techo que Lord Windermere. Usted me llena de horror. Hay algo en usted que despierta la ira... la ira más salvaje dentro de mí. Y sé por qué está usted aquí. Mi marido le envió para atraerme, para que vuelva y sirva para encubrir a cualquier relación que existiera entre usted y él.
Mrs. Erlynne. ¡Oh! No pensará eso... no puede.
Lady Windermere. Vuelva con mi marido, Mrs. Erlynne. Él le pertenece a usted y no a mí. Supongo que él tiene miedo de un escándalo. Los hombres son tan cobardes. Ultrajan todas las leyes del mundo, y tienen miedo de la lengua del mundo. Pero mejor que él se prepare. Tendrá un escándalo. Tendrá el peor escándalo que haya habido en Londres en años. Verá su nombre en cada vil periódico, el mío en cada horrible pancarta.
Mrs. Erlynne. No... no...
Lady Windermere. ¡Sí! Lo hará. Si hubiera venido él mismo, admito que habría vuelto a la vida de degradación que usted y él habían preparado para mí... iba a volver... pero quedarse él mismo en casa y enviarle a usted como su mensajera... ¡oh! fue infame... infame.
Mrs. Erlynne. [*En el centro*]. Lady Windermere, se equivoca sobre mí horriblemente, se equivoca horriblemente sobre su mari-

do. Él no sabe que usted está aquí... él cree que está a salvo en su propia casa. Cree que está durmiendo en su propia habitación. ¡Nunca leyó la loca carta que usted le escribió!

LADY WINDERMERE. [*A la derecha*]. ¡Nunca la leyó!

MRS. ERLYNNE. No... no sabe nada sobre eso.

LADY WINDERMERE. ¡Qué simple me cree! [*Acercándose a ella*]. ¡Me está mintiendo!

MRS. ERLYNNE. [*Conteniéndose*]. No es así. Le estoy diciendo la verdad.

LADY WINDERMERE. Si mi marido no leyó mi carta, ¿cómo es que está usted aquí? ¿Quién le dijo que yo había abandonado la casa en la que usted tuvo la desvergüenza de entrar? ¿Quién le dijo adónde había ido? Mi marido se lo dijo, y la envió para que me llevara de vuelta. [*Cruza a la izquierda*].

MRS. ERLYNNE. [*A la derecha, hacia el centro*]. Su marido nunca ha visto la carta. Yo... la vi, la abrí. La... leí.

LADY WINDERMERE. [*Volviéndose hacia ella*]. ¿Usted ha abierto una carta mía dirigida a mi marido? ¡No se atrevería!

MRS. ERLYNNE. ¡Atreverme! ¡Oh! Para salvarla del abismo en el que está cayendo no hay nada en el mundo a lo que no me atrevería, nada en el mundo entero. Aquí está la carta. Su marido nunca la ha leído. Nunca la leerá. [*Va a la chimenea*]. Nunca debió ser escrita. [*La rompe y la arroja al fuego*].

LADY WINDERMERE. [*Con infinito desprecio en su voz y en su mirada*]. ¿Cómo puedo saber que, después de todo, ésa era mi carta? ¡Parece usted pensar que puede atraparme con el artilugio más vulgar!

MRS. ERLYNNE. ¡Oh! ¿Por qué descree de todo lo que le digo? ¿Qué objeto cree que tengo al venir aquí, excepto salvarla de la ruina total, salvarla de la consecuencia de un horrible error? Esa carta que ahora se quema *era* su carta. ¡Se lo juro!

LADY WINDERMERE. [*Lentamente*]. Usted tuvo el cuidado de quemarla antes de que yo la hubiera examinado. No puedo confiar en usted. Usted, cuya vida entera es una mentira, ¿podría decir la verdad sobre algo? [*Se sienta*].

MRS. ERLYNNE. [*Con prisa*]. Piense lo que quiera de mí, diga lo que quiera contra mí, pero vuelva, vuelva con el marido que ama.

LADY WINDERMERE. [*Hoscamente*]. ¡*No* le amo!

MRS. ERLYNNE. Sí que lo ama, y sabe que él la ama.

LADY WINDERMERE. Él no entiende lo que es el amor. Lo entiende tan poco como usted... pero ya veo lo que usted quiere. Sería una gran ventaja para usted recuperarme. ¡Querido cielo! ¡Qué vida tendría entonces! ¡Vivir a merced de una mujer que no tiene ni piedad ni misericordia en ella, una mujer a la que es una infamia conocer, una degradación conocer, una mujer vil, una mujer que se interpone entre marido y mujer!

Mrs. Erlynne. [*Con un gesto de desesperación*]. Lady Windermere, Lady Windermere, no diga cosas tan terribles. No sabe lo terribles que son, es terribles e injusto. ¡Escuche, debe escuchar! Sólo vuelva con su marido, y le prometo que no volveré a comunicarme con él bajo ningún pretexto, que no volveré a verle, que no volveré a tener nada que ver con la vida de él ni con la suya. El dinero que me dio, no me lo dio por amor, sino por odio, no por adoración, sino por desprecio. El asidero que tengo sobre él...

Lady Windermere. [*Poniéndose de pie*]. ¡Ah! ¡Admite que tiene un asidero!

Mrs. Erlynne. Sí, y le diré lo que es. Es su amor por usted, Lady Windermere.

Lady Windermere. ¿Espera que lo crea?

Mrs. Erlynne. ¡Debe creerlo! Es cierto. Es su amor por usted lo que le ha hecho someterse a... ¡oh! llámelo como quiera, tiranía, amenazas, lo que quiera. Pero es su amor por usted. Su deseo de evitarle la vergüenza, sí, la vergüenza y la desgracia.

Lady Windermere. ¿Qué quiere decir? ¡Usted está siendo insolente! ¿Qué tengo yo que ver con usted?

Mrs. Erlynne. [*Humildemente*]. Nada. Lo sé... pero le digo que su marido la ama; que puede que no vuelva a encontrarse con un amor así en toda su vida; que un amor así no lo conocerá jamás; y que si lo desecha, puede llegar el día en que se muera de hambre de amor y no se lo den, que mendigue amor y se lo nieguen... ¡Oh! ¡Arthur la ama!

Lady Windermere. ¿Arthur? ¿Y me dice que no hay nada entre ustedes?

Mrs. Erlynne. Lady Windermere, ¡ante el Cielo, le juro que su marido es inocente de toda ofensa hacia usted! Y yo... yo le digo que si alguna vez se me hubiera ocurrido que una sospecha tan monstruosa hubiera entrado en su mente, habría muerto antes que haberme cruzado por su vida o la de él... ¡Oh! Muerto, ¡con gusto habría muerto! [*Se aleja hacia el sofá de la derecha*].

Lady Windermere. Usted habla como si tuviera corazón. Las mujeres como usted no tienen corazón. El corazón no está en usted. Es comprada y vendida. [*Se sienta a la izquierda, hacia el centro*].

Mrs. Erlynne. [*Se sobresalta, con un gesto de dolor. Luego se contiene y se acerca a donde está sentada* **Lady Windermere**. *Mientras habla, extiende las manos hacia ella, pero no se atreve a tocarla*]. Crea lo que quiera de mí. No merezco ni un momento de pena. Pero no eche a perder su hermosa y joven vida por mi culpa. No sabe lo que le puede deparar, a menos que abandone esta casa de inmediato. No sabe lo que es caer en la fosa, ser despreciada, burlada, abandonada, mofada... ¡ser una paria! encontrar la puerta cerrada en contra de una, tener que arrastrarse por horribles caminos, temiendo a cada momento que la máscara sea arrancada de la cara, y todo el tiempo oír la risa, la horrible risa del mundo, una cosa más trágica que todas las lágrimas que el mundo haya derramado jamás. Usted no sabe lo que es. Una paga por su pecado, y luego vuelve a pagar, y toda la vida paga. Usted nunca debe saber eso... En cuanto a mí, si el sufrimiento es una expiación, entonces en este momento he expiado todas mis faltas, cualesquiera que hayan sido; porque esta noche usted ha hecho un corazón en alguien que no lo tenía, lo ha hecho y lo ha roto... Pero deje que eso pase. Puede que haya destrozado mi propia vida, pero no dejaré que usted destroce la suya. Usted... usted es una mera niña, estaría perdida. No tiene el tipo de cerebro que permite a una mujer recuperarse. No tiene ni el ingenio ni el valor. ¡No podría soportar la deshonra! ¡No! Vuelva, Lady Windermere, con el marido que la ama, al que usted ama. Tiene un hijo, Lady Windermere. Vuelva con ese niño que incluso ahora, en el dolor o en la alegría, puede estar llamándola. [**Lady Windermere** *se pone de pie*]. Dios le dio ese hijo. Exigirá de usted que le haga la vida agradable, que vele por él. ¿Qué respuesta dará a Dios si su vida se arruina por su culpa? Vuelva a su casa, Lady Windermere... ¡su marido la ama! Nunca se ha apartado ni un momento del amor que le profesa. Pero aunque tuviera mil amores, usted debe quedarse con su hijo. Si él fue duro con usted, debe quedarse con su hijo. Si él la maltrató, debe quedarte con su hijo. Si él la abandonó, su lugar está con su hijo.

[**Lady Windermere** *rompe a llorar y entierra la cara entre las manos*].
[*Corriendo hacia ella*]. ¡Lady Windermere!

Lady Windermere. [*Extendiéndole las manos, impotente, como podría hacer un niño*]. Lléveme a casa. Lléveme a casa.

Mrs. Erlynne. [*Está a punto de abrazarla. Luego se contiene. Hay una mirada de maravillosa alegría en su rostro*]. ¡Vamos! ¿Dónde está su capa? [*La coge del sofá*]. Tome. Póngasela. ¡Venga de una vez! [*Se dirigen a la puerta*].

Lady Windermere. ¡Alto! ¿No oye voces?

Mrs. Erlynne. ¡No, no! ¡No hay nadie!

Lady Windermere. ¡Sí, hay alguien! ¡Escuche! ¡Oh! ¡Es la voz de mi marido! ¡Está entrando! ¡Sálvenme! ¡Oh, es un complot! Usted le ha mandado llamar.

[*Voces en el exterior*].

Mrs. Erlynne. ¡Silencio! Estoy aquí para salvarla, si puedo. ¡Pero me temo que es demasiado tarde! ¡Allí! [*Señala la cortina que cruza la ventana*]. ¡A la primera oportunidad que tenga, escápese, si es que alguna vez tiene la oportunidad!

Lady Windermere. ¿Y usted?

Mrs. Erlynne. ¡Oh! No se preocupe por mí. Me enfrentaré a ellos.

[**Lady Windermere** *se esconde tras la cortina*].

Lord Augustus. [*Fuera*]. ¡Tonterías, querido Windermere, no debe dejarme!

Mrs. Erlynne. ¡Lord Augustus! ¡Entonces soy yo quien está perdida! [*Vacila un momento, luego mira a su alrededor y ve la puerta de la derecha, y sale por ella*].

[*Entran* **Lord Darlington**, **Mr. Dumby**, **Lord Windermere**, **Lord Augustus Lorton** *y* **Mr. Cecil Graham**].

Dumby. ¡Qué fastidio que nos echen del club a estas horas! Sólo son las dos. [*Se hunde en una silla*]. La parte animada de la velada no ha hecho más que empezar. [*Bosteza y cierra los ojos*].

Lord Windermere. Es muy amable de su parte, Lord Darlington, permitir que Augustus le imponga nuestra compañía, pero me temo que no podré quedarme mucho tiempo.

Lord Darlington. ¡De verdad! ¡Lo siento mucho! Pero tomará un puro, ¿verdad?

Lord Windermere. ¡Gracias! [*Se sienta*].

Lord Augustus. [*A* **Lord Windermere**]. Mi querido muchacho, no debes soñar con irte. Tengo mucho que hablar contigo, de maldita importancia, además. [*Se sienta con él a la mesa, a la izquierda*].

Cecil Graham. ¡Oh! ¡Todos sabemos lo que es! Tuppy no puede hablar de otra cosa que no sea Mrs. Erlynne.

Lord Windermere. Bueno, eso no es asunto tuyo, ¿verdad, Cecil?

Cecil Graham. ¡Para nada! Por eso me interesa. Mis propios asuntos siempre me aburren hasta la muerte. Prefiero los de los demás.

Lord Darlington. Tomen algo, amigos. Cecil, ¿quieres un whisky con soda?

Cecil Graham. Sí, gracias. [*Va a la mesa con* Lord Darlington]. Mrs. Erlynne estaba muy guapa esta noche, ¿verdad?

Lord Darlington. No soy uno de sus admiradores.

Cecil Graham. Yo no solía serlo, pero ahora lo soy. ¡Vaya! De hecho me ha hecho presentársela a la pobre y querida tía Caroline. Creo que va a almorzar allí.

Lord Darlington. [*Sorprendido*]. ¿En serio?

Cecil Graham. Así es.

Lord Darlington. Disculpen, amigos. Me marcho mañana. Y tengo que escribir algunas cartas. [*Va al escritorio y se sienta*].

Dumby. Una mujer inteligente, Mrs. Erlynne.

Cecil Graham. ¡Hola, Dumby! Creía que estabas dormido.

Dumby. ¡Lo soy, suelo estarlo!

Lord Augustus. Una mujer muy inteligente. Sabe perfectamente lo tonto que soy... lo sabe tan bien como yo mismo.

[Cecil Graham *se acerca a él riendo*].

Ah, puedes reírte, muchacho, pero es algo grandioso toparse con una mujer que lo comprende a uno a fondo.

Dumby. Es algo terriblemente peligroso. Siempre acaban casándose con uno.

Cecil Graham. ¡Pero, pensé, Tuppy, que no ibas a volver a verla! ¡Sí! Eso me dijiste ayer por la tarde en el club. Dijiste que habías oído...

[*Susurrándole*].

Lord Augustus. Oh, ella ya ha explicado eso.

Cecil Graham. ¿Y el asunto de Wiesbaden?

Lord Augustus. Ella también lo ha explicado.

Dumby. ¿Y sus ingresos, Tuppy? ¿Lo ha explicado?

Lord Augustus. [*Con voz muy seria*]. Ella explicará eso mañana.

[Cecil Graham *vuelve a la mesa en el centro*].

Dumby. Las mujeres de hoy en día son terriblemente comerciales. Nuestras abuelas saltaban por sobre todo conservando su encanto, pero, caramba, sus nietas sólo dan ese salto cuando les puede beneficiar a ellas.

Lord Augustus. Usted quiere hacerla pasar por una mujer malvada. ¡Pero no lo es!

Cecil Graham. Las mujeres malas lo molestan a uno. Las mujeres buenas lo aburren a uno. Esa es la única diferencia entre ellas.

Lord Augustus. [*Lanzando una bocanada de su puro*]. Mrs. Erlynne tiene un futuro por delante.

Dumby. Mrs. Erlynne tiene un pasado por detrás.

Lord Augustus. Prefiero las mujeres con un pasado. Siempre es divertido hablar con ellas.

Cecil Graham. Tendrás muchos temas de conversación con *ella*, Tuppy. [*Levantándose y yendo hacia él*].

Lord Augustus. Te estás volviendo molesto, querido muchacho; te estás volviendo malditamente molesto.

Cecil Graham. [*Le pone las manos sobre los hombros*]. Ahora, Tuppy, has perdido tu figura y has perdido tu carácter. No pierdas tu paciencia; es lo único que tienes.

Lord Augustus. Mi querido muchacho, si yo no fuera el hombre más bonachón de Londres...

Cecil Graham. Te trataríamos con más respeto, ¿verdad, Tuppy? [*Se aleja*].

Dumby. Los jóvenes de hoy en día son absolutamente monstruosos. No respetan en absoluto el pelo teñido. [**Lord Augustus** *mira a su alrededor con enfado*].

Cecil Graham. Mrs. Erlynne siente un gran respeto por el querido Tuppy.

Dumby. Entonces Mrs. Erlynne da un ejemplo admirable al resto de su sexo. Es totalmente brutal la forma en que la mayoría de las mujeres de hoy en día se comportan con los hombres que no son sus maridos.

Lord Windermere. Dumby, eres ridículo, y Cecil, te dejas llevar por tu lengua. Debes dejar en paz a Mrs. Erlynne. Realmente no saben nada de ella, y siempre estás hablando de escándalos en su contra.

Cecil Graham. [*Acercándose a él a la izquierda, por el centro*]. Mi querido Arthur, nunca hablo de escándalos. Sólo hablo de chismes.

Lord Windermere. ¿Y cuál es la diferencia entre el escándalo y los chismes?

Cecil Graham. ¡Oh! ¡El chisme es encantador! La historia no es más que chismes. Pero el escándalo es el chisme hecho tedioso por la moral. Yo nunca moralizo. Un hombre que moraliza suele ser un hipócrita, y una mujer que moraliza es invariablemente llana. No hay nada en todo el mundo tan impropio en una mujer como una conciencia inconformista. Y la mayoría de las mujeres lo saben, me alegra decirlo.

Lord Augustus. Exactamente lo que yo pienso, querido muchacho, exactamente lo que pienso.

Cecil Graham. Siento oírlo, Tuppy; siempre que la gente está de acuerdo conmigo, pienso que debo estar equivocado.

Lord Augustus. Mi querido muchacho, cuando yo tenía tu edad...

Cecil Graham. Pero nunca la tuviste, Tuppy, y nunca la tendrás. [*Va al centro*]. Digo, Darlington, juguemos a los naipes. Jugarás, Arthur, ¿verdad?

Lord Windermere. No, gracias, Cecil.

Dumby. [*Con un suspiro*]. ¡Santo cielo! ¡Cómo arruina el matrimonio a un hombre! Es tan desmoralizador como los cigarrillos, y mucho más caro.

Cecil Graham. ¿Jugarás, por supuesto, Tuppy?

Lord Augustus. [*Sirviéndose un brandy con soda de la mesa*]. No puedo, querido muchacho. Prometí a Mrs. Erlynne no volver a jugar ni a beber.

Cecil Graham. Ahora bien, mi querido Tuppy, no te dejes llevar por los caminos de la virtud. Reformado, serías totalmente tedioso. Eso es lo peor de las mujeres. Siempre quieren que uno sea bueno. Y si somos buenos, cuando nos conocen, no nos quieren para nada. Les gusta encontrarnos irremediablemente malos, y dejarnos cuando somos bastante poco atractivos.

Lord Darlington. [*Se levanta de la mesa a la derecha, donde ha estado escribiendo cartas*]. ¡Siempre encuentran que somos malos!

Dumby. No creo que seamos malos. Creo que todos somos buenos, excepto Tuppy.

Lord Darlington. No, todos estamos en la cuneta, pero algunos miramos a las estrellas. [*Se sienta en la mesa, al centro*].

Dumby. Todos estamos en la cuneta, pero algunos miramos a las estrellas... Con seguridad, estás muy romántico esta noche, Darlington.

Cecil Graham. ¡Demasiado romántico! Debes estar enamorado. ¿Quién es la muchacha?

Lord Darlington. La mujer que amo no está libre, o cree que no lo está. [*Mira instintivamente a* Lord Windermere *mientras habla*].

Cecil Graham. ¡Una mujer casada, entonces! Bueno, no hay nada en el mundo como la devoción de una mujer casada. Es algo de lo que ningún hombre casado sabe algo.

Lord Darlington. ¡Oh! Ella no me ama. Es una buena mujer. Es la única mujer buena que he conocido en mi vida.

Cecil Graham. ¿La única mujer buena que has conocido en tu vida?

Lord Darlington. ¡Sí!

Cecil Graham. [*Encendiendo un cigarrillo*]. ¡Bueno, eres un tipo con suerte! Vaya, he conocido a cientos de buenas mujeres. Parece que nunca conozco más que buenas mujeres. El mundo está completamente repleto de buenas mujeres. Se reconocen por su educación de clase media.

Lord Darlington. Esta mujer tiene pureza e inocencia. Tiene todo lo que los hombres hemos perdido.

Cecil Graham. Querido amigo, ¿qué demonios debemos hacer los hombres yendo por ahí con la pureza y la inocencia? Un ojal cuidadosamente adornado es mucho más eficaz.

Dumby. ¿Entonces no te quiere de verdad?

Lord Darlington. ¡No, no lo hace!

Dumby. Te felicito, mi querido amigo. En este mundo sólo hay dos tragedias. Una es no conseguir lo que uno quiere, y la otra es conseguirlo. La última es mucho peor; ¡la última es una verdadera tragedia! Pero me interesa saber eso de que ella no te ama. ¿Cuánto tiempo podrías amar a una mujer que no te ama, Cecil?

Cecil Graham. ¿Una mujer que no me ama? ¡Oh, toda mi vida!

Dumby. Yo también podría. Pero es muy difícil conocer una.

Lord Darlington. ¿Cómo puedes ser tan engreído, Dumby?

Dumby. No lo dije como una cuestión de engreimiento. Lo dije como una cuestión de pesar. He sido salvajemente, locamente adorado. Lamento haberlo hecho. Ha sido una molestia inmensa. Me gustaría que me dejaran un poco de tiempo para mí de vez en cuando.

Lord Augustus. [*Mirando a su alrededor*]. Hora de educarse, supongo.

Dumby. No, es hora de olvidar todo lo que he aprendido. Eso es más importante, querido Tuppy. [**Lord Augustus** *se mueve inquieto en su silla*].

Lord Darlington. ¡Qué cínicos son ustedes!

CECIL GRAHAM. ¿Qué es un cínico? [*Sentado en el respaldo del sofá*].
LORD DARLINGTON. Un hombre que conoce el precio de todo y el valor de nada.
CECIL GRAHAM. Y un sentimental, mi querido Darlington, es un hombre que ve un valor absurdo en todo, y no conoce el precio de mercado de ninguna cosa.
LORD DARLINGTON. Siempre me diviertes, Cecil. Hablas como si fueras un hombre de experiencia.
CECIL GRAHAM. Lo soy. [*Se mueve hacia el frente de la chimenea*].
LORD DARLINGTON. ¡Tú eres demasiado joven!
CECIL GRAHAM. Ese es un gran error. La experiencia es una cuestión de instinto sobre la vida. Yo lo tengo. Tuppy no lo tiene. Experiencia es el nombre que Tuppy da a sus errores. Eso es todo. [LORD AUGUSTUS *mira a su alrededor, indignado*].
DUMBY. Experiencia es el nombre que cada uno da a sus errores.
CECIL GRAHAM. [*De pie, de espaldas a la chimenea*]. No hay que cometer ninguno. [*Ve el abanico de* LADY WINDERMERE *en el sofá*].
DUMBY. La vida sería muy aburrida sin ellos.
CECIL GRAHAM. Por supuesto, eres muy fiel a esta mujer de la que estás enamorado, Darlington, ¿a esta buena mujer?
LORD DARLINGTON. Cecil, si uno ama de verdad a una mujer, todas las demás mujeres del mundo dejan de tener sentido para uno. El amor le cambia a *uno*, a mí me cambia.
CECIL GRAHAM. ¡Dios mío! ¡Qué interesante! Tuppy, quiero hablar contigo. [LORD AUGUSTUS *no presta atención*].
DUMBY. Es inútil hablar con Tuppy. Da igual que hables con una pared de ladrillo.
CECIL GRAHAM. Pero me gusta hablar con una pared de ladrillo: ¡es lo único en el mundo que nunca me contradice! ¡Tuppy!
LORD AUGUSTUS. Bueno, ¿qué pasa? ¿Qué pasa? [*Levantándose y acercándose a* CECIL GRAHAM].
CECIL GRAHAM. Ven aquí. Quiero hablarte en privado. [*Aparte*]. Darlington ha estado moralizando y hablando sobre la pureza del amor, y ese tipo de cosas, y él tiene a alguna mujer en sus habitaciones todo el tiempo.
LORD AUGUSTUS. ¡No, no es posible! ¡De verdad!
CECIL GRAHAM. [*En voz baja*]. Sí, aquí está su abanico. [*Señala el abanico*].
LORD AUGUSTUS. [*Riéndose*]. ¡Caramba! ¡Caramba!
LORD WINDERMERE. [*Arriba, por la puerta*]. Ahora sí que me voy, Lord

Darlington. Lamento que deje Inglaterra tan pronto. ¡Le ruego que nos visite cuando regrese! ¡Mi esposa y yo estaremos encantados de verle!

Lord Darlington. [*Va más arriba, con* **Lord Windermere**]. Me temo que estaré fuera muchos años. ¡Buenas noches!

Cecil Graham. ¡Arthur!

Lord Windermere. ¿Qué?

Cecil Graham. Quiero hablar contigo un momento. ¡No... ven aquí!

Lord Windermere. [*Poniéndose el abrigo*]. ¡No puedo, me voy!

Cecil Graham. Es algo muy importante. Esto te interesará enormemente.

Lord Windermere. [*Sonriendo*]. Es alguna de tus tonterías, Cecil.

Cecil Graham. ¡No lo es! Te aseguro que no lo es.

Lord Augustus. [*Dirigiéndose a él*]. Mi querido amigo, no debes irte todavía. Tengo mucho que hablar contigo. Y Cecil tiene algo que quiere mostrarte.

Lord Windermere. [*Acercándose*]. Bueno, ¿qué pasa?

Cecil Graham. Darlington tiene una mujer aquí en sus habitaciones. Aquí está su abanico. Divertido, ¿verdad? [*Una pausa*].

Lord Windermere. ¡Santo Dios! [*Coge el abanico...* **Dumby** *se pone de pie*].

Cecil Graham. ¿Cuál es el problema?

Lord Windermere. ¡Lord Darlington!

Lord Darlington. [*Dándose la vuelta*]. ¡Sí!

Lord Windermere. ¿Qué hace el abanico de mi esposa aquí en sus habitaciones? Quítame las manos de encima, Cecil. No me toques.

Lord Darlington. ¿El abanico de su esposa?

Lord Windermere. ¡Sí, aquí está!

Lord Darlington. [*Caminando hacia él*]. ¡No lo sé!

Lord Windermere. Debe saberlo. Exijo una explicación. No me retengas, tonto. [*A* **Cecil Graham**].

Lord Darlington. [Aparte]. ¡Ella está aquí después de todo!

Lord Windermere. ¡Hable! ¿Qué hace aquí el abanico de mi esposa? ¡Dígame! ¡Dios! Registraré sus habitaciones, y si mi esposa está aquí, yo... [*Se mueve*].

Lord Darlington. No registrará mis habitaciones. No tiene derecho a hacerlo. ¡Se lo prohíbo!

Lord Windermere. ¡Sinvergüenza! ¡No dejaré su habitación hasta que haya registrado cada rincón de ella! ¿Qué se mueve detrás

de esa cortina? [*Corre hacia la cortina, en el centro*].
Mrs. Erlynne. [*Entra por detrás, a la derecha*]. ¡Lord Windermere!
Lord Windermere. ¡Mrs. Erlynne!
[*Todos se sobresaltan y se dan la vuelta.* **Lady Windermere** *sale de detrás de la cortina y se desliza fuera de la sala, a la izquierda*].
Mrs. Erlynne. Me temo que tomé el abanico de su esposa por error pensando que era el mío, cuando salía de su casa esta noche. Lo siento mucho. [*Le quita el abanico.* **Lord Windermere** *la mira con desprecio.* **Lord Darlington** *con asombro y enfado mezclados.* **Lord Augustus** *se da la vuelta. Los otros hombres sonríen entre sí*].

Telón

CUARTO ACTO

ESCENA: *Igual que en el Acto I.*

Lady Windermere. [*Tumbada en el sofá*]. ¿Cómo puedo decírselo? No puedo decírselo. Me mataría. Me pregunto qué ocurrió después de que yo escapara de aquella horrible habitación. Tal vez ella les contó la verdadera razón de que estuviera allí, y el verdadero significado de ese fatal... abanico mío. Oh, si lo sabe, ¿cómo podré volver a mirarle a la cara? Nunca me lo perdonaría. [*Toca el timbre*]. Qué segura cree una que vive, fuera del alcance de la tentación, del pecado, de la locura. Y de repente... ¡oh! la vida es terrible. La vida nos gobierna, nosotros no gobernamos nuestra vida.
[*Entra* **Rosalie** *por la derecha*].
Rosalie. ¿Me ha llamado su señoría?
Lady Windermere. Sí. ¿Ha averiguado a qué hora llegó anoche Lord Windermere?
Rosalie. Su señoría no llegó hasta las cinco.
Lady Windermere. ¿A las cinco? Llamó a mi puerta esta mañana, ¿verdad?
Rosalie. Sí, milady... a las nueve y media. Yo le dije que su señoría aún no se había despertado.
Lady Windermere. ¿Y él dijo algo?
Rosalie. Algo sobre el abanico de su señoría. No entendí bien lo que dijo el señor. ¿Se ha perdido el abanico, milady? No lo encuentro, y Parker dice que no lo dejaron en ninguna de las habitaciones. Ha mirado en todas ellas y también en la terraza.
Lady Windermere. No importa. Dígale a Parker que no se moleste. Con eso bastará.

[*Sale* **Rosalie**].

Lady Windermere. [*Poniéndose de pie*]. Seguro que ella se lo dirá. Me imagino a una persona haciendo un maravilloso acto de abnegación, haciéndolo espontánea, temeraria, noblemente, y descubriendo después que cuesta demasiado. ¿Por qué debería dudar ella entre su ruina y la mía?... ¡Qué extraño! Yo la habría deshonrado públicamente en mi propia casa. Ella acepta la deshonra pública en casa de otro para salvarme... Hay una amarga ironía en las cosas, una amarga ironía en la forma en que hablamos de mujeres buenas y malas... ¡Oh, qué lección! ¡Y qué lástima que en la vida sólo recibamos las lecciones cuando ya no nos sirven de nada! Porque aunque ella no lo cuente, yo debo hacerlo. ¡Oh! Qué vergüenza, qué vergüenza. Contarlo es volver a vivirlo todo. Las acciones son la primera tragedia en la vida, las palabras son la segunda. Las palabras son quizá las peores. Las palabras son despiadadas... ¡Oh! [*Se sobresalta cuando entra* LORD WINDERMERE].

LORD WINDERMERE. [*La besa*]. ¡Margaret... qué pálida estás!

LADY WINDERMERE. He dormido muy mal.

LORD WINDERMERE. [*Sentado en el sofá, junto a ella*]. Lo siento mucho. Llegué terriblemente tarde y no quise despertarte. Estás llorando, querida.

LADY WINDERMERE. Sí, estoy llorando, porque tengo algo que decirte, Arthur.

LORD WINDERMERE. Mi querida niña, no estás bien. Has estado haciendo demasiado. Vayámonos al campo. Estarás bien en Selby. La temporada casi ha terminado. No tiene sentido quedarse. ¡Pobrecita! Nos iremos hoy, si quieres. [*Se pone de pie*]. Podemos coger fácilmente el tren de las 3:40. Enviaré un telegrama a Fannen. [*Cruza y se sienta a la mesa para escribir un telegrama*].

LADY WINDERMERE. Sí... vámonos hoy. No... no puedo irme hoy, Arthur. Hay alguien a quien debo ver antes de dejar la ciudad... alguien que ha sido amable conmigo.

LORD WINDERMERE. [*Levantándose e inclinándose sobre el sofá*]. ¿Amable contigo?

LADY WINDERMERE. Mucho más que eso. [*Se levanta y va hacia él*]. Te lo diré, Arthur, pero sólo ámame, ámame como solías amarme.

LORD WINDERMERE. ¿Como solía? ¿No estarás pensando en esa desdichada mujer que vino aquí anoche? [*Dando la vuelta y sentándose a la derecha de ella*]. No te imaginas aún... no, no puedes.

LADY WINDERMERE. No lo hago. Ahora sé que me equivoqué y fui una tonta.

LORD WINDERMERE. Fuiste muy amable al recibirla anoche, pero no volverás a verla.

LADY WINDERMERE. ¿Por qué dices eso? [*Una pausa*].

LORD WINDERMERE. [*Cogiéndole la mano*]. Margaret, creía que Mrs.

Erlynne era una mujer más pecadora que el pecado mismo. Creí que quería ser buena, volver al lugar que había perdido por un momento de insensatez, llevar de nuevo una vida decente. Creí lo que me dijo... me equivoqué con ella. Ella es mala, tan mala como puede serlo una mujer.

Lady Windermere. Arthur, Arthur, no hables tan amargamente de ninguna mujer. Ya no creo que se pueda dividir a las personas en buenas y malas como si fueran dos razas o creaciones distintas. Las que se llaman mujeres buenas pueden tener cosas terribles en ellas, locuras de imprudencia, afirmación, celos, pecado. Las mujeres malas, como se las llama, pueden tener en ellas pena, arrepentimiento, piedad, sacrificio. Y no creo que Mrs. Erlynne sea una mala mujer... sé que no lo es.

Lord Windermere. Mi querida niña, esa mujer es imposible. No importa el daño que intente hacernos, no debes volver a verla. Ella es inadmisible en cualquier lugar.

Lady Windermere. Pero quiero verla. Quiero que venga aquí.

Lord Windermere. ¡Nunca!

Lady Windermere. Ella vino aquí una vez como *tu* invitada. Ahora debe venir como la *mía*. Eso es lo más justo.

Lord Windermere. Ella nunca debería haber venido aquí.

Lady Windermere. [*Se pone de pie*]. Es demasiado tarde, Arthur, para decir eso ahora. [*Se aleja*].

Lord Windermere. [*Poniéndose de pie*]. Margaret, si supieras adónde fue Mrs. Erlynne anoche, después de salir de esta casa, no te sentarías en la misma habitación con ella. Fue absolutamente desvergonzado, todo el asunto.

Lady Windermere. Arthur, no puedo soportarlo más. Debo contártelo. Anoche...

[*Entra* **Parker** *con una bandeja con el abanico de* **Lady Windermere** *y una tarjeta*].

Parker. Mrs. Erlynne ha venido para devolverle a su señoría el abanico que se llevó por error anoche. Mrs. Erlynne ha escrito un mensaje en la tarjeta.

Lady Windermere. Oh, pídale a Mrs. Erlynne que tenga la amabilidad de subir. [*Lee la tarjeta*]. Dígale que me alegrará mucho verla.

[*Sale* **Parker**].

Quiere verme, Arthur.

Lord Windermere. [*Coge la tarjeta y la mira*]. Margaret, te *ruego* que no lo hagas. Déjame verla primero, en todo caso. Es una mujer muy peligrosa. Es la mujer más peligrosa que conozco. No te das cuenta de lo que estás haciendo.

Lady Windermere. Es justo que la vea.

Lord Windermere. Hija mía, puede que estés al borde de causarte una gran pena. No vayas a su encuentro. Es absolutamente necesario que yo la vea antes que tú.

Lady Windermere. ¿Por qué iba a ser necesario?

[*Entra* Parker].

Parker. Mrs. Erlynne.

[*Entra* Mrs. Erlynne.]

[*Sale* Parker].

Mrs. Erlynne. ¿Cómo está usted, Lady Windermere? [*A* Lord Windermere]. ¿Cómo está usted? Sabe, Lady Windermere, siento mucho lo de su abanico. No puedo entender cómo cometí un error tan tonto. Muy estúpido de mi parte. Y como venía en esta dirección, pensé en aprovechar la oportunidad de devolvérselo en persona con muchas disculpas por mi descuido, y de despedirme de usted.

Lady Windermere. ¿Despedirse? [*Se dirige hacia el sofá con* Mrs. Erlynne *y se sienta a su lado*]. ¿Se va de viaje, entonces, Mrs. Erlynne?

Mrs. Erlynne. Sí; voy a vivir de nuevo en el extranjero. El clima inglés no me sienta bien. Mi... corazón se resiente aquí, y eso no me agrada. Prefiero vivir en el sur. Londres está demasiado lleno de niebla y... y de gente seria, Lord Windermere. Si la niebla produce a la gente seria o si la gente seria produce la niebla, no lo sé, pero todo esto me pone bastante nerviosa, y por eso me voy esta tarde en el tren de lujo.

Lady Windermere. ¿Esta tarde? Pero tenía tantas ganas de venir a verla.

Mrs. Erlynne. ¡Qué amable de su parte! Pero me temo que tengo que irme.

Lady Windermere. ¿No volveré a verla, Mrs. Erlynne?

Mrs. Erlynne. Me temo que no. Nuestras vidas están demasiado separadas. Pero hay una pequeña cosa que me gustaría que hiciera por mí. Quiero una fotografía suya, Lady Windermere... ¿me la daría? No sabe lo gratificada que estaría.

Lady Windermere. Oh, con mucho gusto. Hay una en esta mesa. Se la mostraré. [*Va hacia la mesa*].

Lord Windermere. [*Se acerca a* **Mrs. Erlynne** *y le habla en voz baja*]. Es monstruoso que se entrometa aquí después de su conducta de anoche.

Mrs. Erlynne. [*Con una sonrisa pícara*]. ¡Mi querido Windermere, los modales antes que la moral!

Lady Windermere. [*Volviendo*]. Me temo que es muy halagadora, no soy tan guapa. [*Mostrando la fotografía*].

Mrs. Erlynne. Usted es mucho más guapa en persona. ¿Pero no tiene una de usted con su hijito?

Lady Windermere. Sí. ¿Prefiere una de esas?

Mrs. Erlynne. Sí.

Lady Windermere. Iré a buscarla, si me disculpa un momento. Tengo una arriba.

Mrs. Erlynne. Siento mucho, Lady Windermere, causarle tantas molestias.

Lady Windermere. [*Se dirige a la puerta de la derecha*]. Ningún problema, Mrs. Erlynne.

Mrs. Erlynne. Muchas gracias.

[**Lady Windermere** *sale por la derecha*]. Parece usted bastante fuera de sí esta mañana, Windermere. ¿Por qué debería estarlo? Margaret y yo nos llevamos encantadoramente bien.

Lord Windermere. No puedo soportar verla con ella. Además, no me ha dicho la verdad, Mrs. Erlynne.

Mrs. Erlynne. No le he dicho la verdad a *ella*, querrá decir.

Lord Windermere. [*De pie en el centro*]. A veces desearía que lo hubiera hecho. Me habría ahorrado entonces la miseria, la ansiedad, las molestias de los últimos seis meses. Pero antes de que mi esposa supiera... que la madre a la que le enseñaron a considerar muerta, la madre a la que ha llorado como muerta, está viva... una mujer divorciada, que va por ahí con un nombre falso, una mala mujer que se aprovecha de la vida, como sé que usted lo hace ahora... antes que eso, estaba dispuesto a suministrarle dinero para pagar factura tras factura, extravagancia tras extravagancia, antes que arriesgarme a lo que ocurrió ayer, la primera pelea que he tenido con mi esposa. Usted no comprende lo que eso significa para mí. ¿Cómo podría? Pero le digo que las únicas palabras amargas que han salido de los dulces labios de ella han sido por su culpa, y odio verla junto a ella. Usted mancilla la inocencia que hay en ella. [*Se mueve hacia la izquierda*]. Y yo solía pensar que, con todos sus defectos, usted era franca y honesta. No lo es.

Mrs. Erlynne. ¿Por qué dice eso?

Lord Windermere. Me hizo conseguirle una invitación para el baile de gala de mi esposa.

Mrs. Erlynne. Para el baile de gala de mi hija... sí.

Lord Windermere. Vino, y una hora después de salir de casa la encuentran en las habitaciones de un hombre... está deshonrada ante todos. [*Se adelanta por el escenario, por el centro*].

Mrs. Erlynne. Sí.

Lord Windermere. [*Volviéndose sobre ella*]. Por lo tanto, tengo derecho a verla como lo que es... una mujer despreciable y viciosa. Tengo derecho a exigirle que nunca entre en esta casa, que nunca intente acercarse a mi esposa...

Mrs. Erlynne. [*Fríamente*]. A mi hija, querrá decir.

Lord Windermere. No tiene derecho a reclamarla como su hija. Usted la abandonó, la abandonó cuando no era más que una niña en la cuna, la abandonó por su amante, que la abandonó a su vez.

Mrs. Erlynne. [*Poniéndose de pie*]. ¿Piensa que eso es culpa de él, Lord Windermere... o mía?

Lord Windermere. La suya, ahora que la conozco.

Mrs. Erlynne. Tenga cuidado... es mejor que tenga cuidado.

Lord Windermere. Oh, no voy a andarme con rodeos con usted. La conozco a fondo.

Mrs. Erlynne. [*Le mira fijamente*]. Tengo mis dudas.

Lord Windermere. Yo *la* conozco. Durante veinte años de su vida vivió usted sin su hija, sin pensar en su hija. Un día leyó en el periódico que ella se había casado con un hombre rico. Vio allí su horrible oportunidad. Sabía que para evitarle la ignominia de saber que una mujer como usted era su madre, yo soportaría cualquier cosa. Comenzó a chantajearme.

Mrs. Erlynne. [*Encogiéndose de hombros*]. No use palabras feas, Windermere. Son vulgares. Vi mi oportunidad, es cierto, y la aproveché.

Lord Windermere. Sí, lo aprovechó... y lo estropeó todo anoche al ser descubierta.

Mrs. Erlynne. [*Con una extraña sonrisa*]. Tiene toda la razón, lo estropeé todo anoche.

Lord Windermere. Y en cuanto a su error garrafal al llevarse de aquí el abanico de mi esposa y luego dejarlo por ahí en las habitaciones de Darlington, es imperdonable. Ahora no soporto verlo. Nunca dejaré que mi mujer vuelva a usarlo. Esa cosa está sucia para mí. Debería haberlo guardado y no traerlo de vuelta.

Mrs. Erlynne. Creo que me lo quedaré. [*Se pone de pie*]. Es extremadamente bonito. [*Coge el abanico*]. Le pediré a Margaret que me lo regale.

Lord Windermere. Espero que mi esposa se lo dé.

Mrs. Erlynne. Oh, estoy segura de que ella no tendrá ninguna objeción.

Lord Windermere. Me gustaría que al mismo tiempo le regalara una miniatura que besa todas las noches antes de rezar... es la miniatura de una joven de aspecto inocente con un hermoso cabello *oscuro*.

Mrs. Erlynne. Ah, sí, la recuerdo. ¡Parece que fuera hace tanto tiempo! [*Va al sofá y se sienta*]. Fue antes de casarme. ¡El pelo oscuro y una expresión inocente eran la moda de entonces, Windermere! [*Una pausa*].

Lord Windermere. ¿Para qué vino aquí esta mañana? ¿Cuál es su objetivo? [*Cruzando de la izquierda al centro y sentándose*].

Mrs. Erlynne. [*Con una nota de ironía en su voz*]. Para despedirme de mi querida hija, por supuesto. [**Lord Windermere** *se muerde el labio inferior con rabia.* **Mrs. Erlynne** *le mira, y su voz y sus modales se vuelven serios. En sus acentos, mientras habla, hay una nota de profunda tragedia. Por un momento se revela*]. Oh, no se imagine que voy a hacer una escena patética con ella, llorar sobre su cuello y decirle quién soy, y todo ese tipo de cosas. No tengo ninguna ambición de interpretar el papel de una madre. Sólo una vez en mi vida he conocido los sentimientos de una madre. Eso fue anoche. Fueron terribles... me hicieron sufrir... me hicieron sufrir demasiado. Durante veinte años, como usted dice, he vivido sin hijos... quiero vivir sin hijos todavía. [*Ocultando sus sentimientos con una risa trivial*]. Además, mi querido Windermere, ¿cómo demonios podría hacerme pasar por una madre con una hija adulta? Margaret tiene veintiún años, y yo nunca he admitido que tenga más de veintinueve, o treinta como mucho. Veintinueve cuando me maquillo con tonos rosados, treinta cuando no. Así que ya ve qué dificultades entrañaría. No, en lo que a mí respecta, deje que su esposa abrigue el recuerdo de esta madre muerta y sin mancha. ¿Por qué debería interferir en sus ilusiones? Ya me cuesta bastante mantener las mías. Anoche perdí una ilusión. Pensé que no tenía corazón. Descubro que lo tengo, y un corazón no me sienta bien, Windermere. De alguna manera no va con la vestimenta moderna. Hace que una parezca vieja. [*Coge un espejo de mano de la mesa y se mira en él*]. Y estropea la carrera de una en los momentos críticos.

Lord Windermere. Usted me llena de horror, de horror absoluto.

Mrs. Erlynne. [*Poniéndose de pie*]. Supongo, Windermere, que le gustaría que me retirara a un convento, o que me convirtiera en enfermera de hospital, o algo por el estilo, como hace la gente en las tontas novelas modernas. Eso es una estupidez de tu parte, Arthur; en la vida real no hacemos esas cosas; no mientras tengamos un buen aspecto, al menos. No... lo que la consuela a una hoy en día no es el arrepentimiento, sino el placer. El arrepentimiento está bastante pasado de moda. Y además, si una mujer se arrepiente de verdad, tiene que ir a una modista mala, de lo contrario nadie cree en ella. Y nada en el mundo me induciría a hacerlo. No; voy a salir completamente de las vidas de ustedes dos. Haber entrado en la vida de ustedes ha sido un error... lo descubrí anoche.

Lord Windermere. Un error fatal.

Mrs. Erlynne. [*Sonriendo*]. Casi fatal.

Lord Windermere. Ahora lamento no habérselo contado todo a mi esposa de inmediato.

Mrs. Erlynne. Yo me arrepiento de mis malas acciones. Usted se arrepiente de las buenas... ésa es la diferencia entre nosotros.

Lord Windermere. No confío en usted. Usted se lo *dirá* a mi esposa. Es mejor que ella lo sepa, y que sea yo quien se lo diga. Le causará un dolor infinito... la humillará terriblemente, pero es justo que lo sepa.

Mrs. Erlynne. ¿Está pensando en decírselo?

Lord Windermere. Voy a decírselo.

Mrs. Erlynne. [*Acercándose a él*]. Si lo hace, haré que mi nombre sea tan infame que estropeará cada momento de la vida de ella. La arruinará y la hará desdichada. Si se atreve a decírselo, no hay profundidad de degradación a la que no me hunda, ni pozo de vergüenza en el que no entre. No se lo dirá, se lo prohíbo.

Lord Windermere. ¿Y eso, por qué?

Mrs. Erlynne. [*Tras una pausa*]. Si le dijera que me preocupo por ella, tal vez incluso que la amo... se burlaría de mí, ¿verdad?

Lord Windermere. Pensaría que no es verdad. El amor de una madre significa devoción, desinterés, sacrificio. ¿Qué puede saber usted de esas cosas?

Mrs. Erlynne. Tiene usted razón. ¿Qué podría saber yo de esas cosas? No hablemos más de ello... en cuanto a decirle a mi hija quién soy, eso no lo permito. Es mi secreto, no el suyo. Si me decido a decírselo, y creo que lo haré, se lo diré antes de dejar esta casa... si no, no se lo diré nunca.

Lord Windermere. [*Enfadado*]. Entonces permítame rogarle que abandone nuestra casa de inmediato. Presentaré sus excusas a Margaret.

[*Entra* **Lady Windermere** *por la derecha. Se acerca a* **Mrs. Erlynne** *con la fotografía en la mano.* **Lord Windermere** *se traslada al respaldo del sofá y observa ansiosamente a* **Mrs. Erlynne** *mientras avanza la escena*].

Lady Windermere. Siento mucho, Mrs. Erlynne, haberla hecho esperar. No podía encontrar la fotografía por ninguna parte. Por fin la descubrí en el vestidor de mi marido... él la había robado.

Mrs. Erlynne. [*Toma la fotografía y la mira*]. No me sorprende, es encantadora. [*Se acerca al sofá con* **Lady Windermere** *y se sienta a su lado. Mira de nuevo la fotografía*]. ¡Así que ése es su hijito! ¿Cómo se llama?

Lady Windermere. Gerard, por mi querido padre.

Mrs. Erlynne. [*Dejando la fotografía*]. ¿En verdad?

Lady Windermere. Sí. Si hubiera sido una niña, la habría llamado como mi madre. Mi madre tenía el mismo nombre que yo, Margaret.

Mrs. Erlynne. Yo también me llamo Margaret.

Lady Windermere. ¡En serio!

Mrs. Erlynne. Sí. [*Pausa*]. Es usted devota de la memoria de su madre, Lady Windermere, me dice su marido.

Lady Windermere. Todos tenemos ideales en la vida. Al menos todos deberíamos tenerlos. El mío es mi madre.

Mrs. Erlynne. Los ideales son cosas peligrosas. Las realidades son mejores. Hieren, pero son mejores.

Lady Windermere. [*Sacudiendo la cabeza*]. Si perdiera mis ideales, lo perdería todo.

Mrs. Erlynne. ¿Todo?
Lady Windermere. Sí. [*Pausa*].
Mrs. Erlynne. ¿Su padre le hablaba a menudo de su madre?
Lady Windermere. No, le causaba demasiado dolor. Me contó cómo mi madre había muerto pocos meses después de que yo naciera. Sus ojos se llenaron de lágrimas mientras hablaba. Luego me suplicó que no volviera a mencionarle su nombre. Le hacía sufrir incluso oírlo. Mi padre... mi padre murió realmente de un corazón roto. La suya fue la vida más arruinada que se conoce.
Mrs. Erlynne. [*Poniéndose de pie*]. Me temo que debo irme ahora, Lady Windermere.
Lady Windermere. [*Poniéndose de pie*]. Oh. no, no lo haga.
Mrs. Erlynne. Creo que será lo mejor. Mi carruaje ya debe haber regresado. Lo envié a casa de Lady Jedburgh con una nota.
Lady Windermere. Arthur, ¿te importaría ver si ha vuelto el carruaje de Mrs. Erlynne?
Mrs. Erlynne. Le ruego que no se moleste, Lord Windermere.
Lady Windermere. Sí, Arthur, ve, por favor.
[**Lord Windermere** *duda un momento y mira a* **Mrs. Erlynne**. *Ella permanece impasible. Él sale de la habitación*].
[*A* **Mrs. Erlynne**]. ¡Oh! ¿Qué puedo decirle? ¿Que me salvó anoche? [*Va hacia ella*].
Mrs. Erlynne. Silencio... no hable de ello.
Lady Windermere. Debo hablar de ello. No puedo dejar que piense que voy a aceptar este sacrificio. No lo haré. Es demasiado grande. Voy a contárselo todo a mi marido. Es mi deber.
Mrs. Erlynne. No es su deber... o al menos tiene deberes con otros además de con él. ¿Dice usted que me debe algo?
Lady Windermere. Se lo debo todo.
Mrs. Erlynne. Entonces pague su deuda con el silencio. Esa es la única manera en que puede ser pagada. No estropee lo único bueno que he hecho en mi vida contándoselo a alguien. Prométame que lo que pasó anoche seguirá siendo un secreto entre nosotras. No debe traer miseria a la vida de su marido. ¿Por qué estropear su amor? No debe estropearlo. El amor se mata fácilmente. ¡Oh! Con qué facilidad se mata el amor. Deme su palabra, Lady Windermere, de que nunca se lo dirá. Insisto en ello.
Lady Windermere. [*Con la cabeza inclinada*]. Es su voluntad, no la

mía.

Mrs. Erlynne. Sí, es mi voluntad. Y nunca olvide a su hijo... Me gusta pensar en usted como una madre. Me gusta que usted piense eso de usted misma.

Lady Windermere. [*Levantando la vista*]. Siempre lo haré, desde ahora. Sólo una vez en mi vida he olvidado a mi propia madre... fue anoche. Oh, si la hubiera recordado no habría sido tan tonta, tan malvada.

Mrs. Erlynne. [*Con un ligero estremecimiento*]. Silencio... lo de anoche ya pasó.

[*Entra* Lord Windermere].

Lord Windermere. Su carruaje aún no ha regresado, Mrs. Erlynne.

Mrs. Erlynne. No importa. Cogeré un taxi. No hay nada en el mundo tan respetable como un buen taxi de Shrewsbury and Talbot. Y ahora, querida Lady Windermere, me temo que debo realmente decir adiós. [*Se mueve hacia el centro*]. Oh, ahora que lo recuerdo. Pensará que es un absurdo, pero sabe que me he encaprichado mucho con este abanico con el que fui tan tonta como para escaparme anoche de su baile de gala. Me pregunto si me lo daría. Lord Windermere dice que tal vez lo haga. Sé que es su regalo.

Lady Windermere. Oh, ciertamente, si le da placer. Pero lleva mi nombre. Tiene grabado «Margaret» en él.

Mrs. Erlynne. Pero tenemos el mismo nombre de pila.

Lady Windermere. Ah, lo olvidaba. Por supuesto, téngalo. ¡Qué maravillosa casualidad que nuestros nombres sean iguales!

Mrs. Erlynne. Maravillosa casualidad. Gracias... siempre será un recuerdo suyo. [*Le da la mano*].

[*Entra* Parker].

Parker. Lord Augustus Lorton. El carruaje de Mrs. Erlynne ha llegado.

[*Entra* Lord Augustus].

Lord Augustus. Buenos días, querido muchacho. Buenos días, Lady Windermere. [*Ve a* Mrs. Erlynne]. ¡Mrs. Erlynne!

Mrs. Erlynne. ¿Cómo está usted, Lord Augustus? ¿Se encuentra bien esta mañana?

Lord Augustus. [*Fríamente*]. Bastante bien, gracias, Mrs. Erlynne.

Mrs. Erlynne. No tiene buen aspecto, Lord Augustus. Se acuesta demasiado tarde... es muy malo para usted. Debería cuidarse más. Adiós, Lord Windermere. [*Se dirige hacia la puerta haciendo una reverencia a* **Lord Augustus**. *De repente sonríe y le devuelve la mirada*]. ¡Lord Augustus! ¿No me acompañaría a mi carruaje? Podría llevar el abanico.

Lord Windermere. ¡Permítame!

Mrs. Erlynne. No; quiero a Lord Augustus. Tengo un mensaje especial para la querida Duquesa. ¿No llevaría el abanico, Lord Augustus?

Lord Augustus. Si realmente lo desea, Mrs. Erlynne.

Mrs. Erlynne. [*Riéndose*]. Por supuesto que sí. Lo llevará con mucha gracia. Usted llevaría cualquier cosa con gracia, querido Lord Augustus.

[*Cuando llega a la puerta mira un momento hacia atrás, hacia* **Lady Windermere**. *Sus ojos se encuentran. Luego se vuelve y sale por el centro, seguida de* **Lord Augustus**].

Lady Windermere. No volverás a hablar en contra de Mrs. Erlynne, Arthur, ¿verdad?

Lord Windermere. [*Seriamente*]. Ella es mejor de lo que uno podría pensar.

Lady Windermere. Ella es mejor que yo.

Lord Windermere. [*Sonríe mientras le acaricia el pelo*]. Niña, tú y ella pertenecen a mundos diferentes. En tu mundo nunca ha entrado el mal.

Lady Windermere. No digas eso, Arthur. Existe el mismo mundo para todos nosotros, y el bien y el mal, el pecado y la inocencia, van por él de la mano. Cerrar los ojos a la mitad de la vida para poder vivir con seguridad es como si una se cegara para poder caminar con más seguridad por una tierra de fosos y precipicios.

Lord Windermere. [*Se mueve con ella*]. Querida, ¿por qué dices eso?

Lady Windermere. [*Se sienta en el sofá*]. Porque yo, que había cerrado los ojos a la vida, llegué al borde. Y quien nos había separado...

Lord Windermere. Nunca nos separamos.

Lady Windermere. No debemos volver a hacerlo. Oh, Arthur, no me ames menos, y confiaré más en ti. Confiaré en ti absolutamente. Vayamos a Selby. En el jardín de rosas de Selby las rosas son blancas y rojas.

[*Entra* **Lord Augustus** *por el centro*].

Lord Augustus. ¡Arthur, ella lo ha explicado todo!

[**Lady Windermere** *parece horriblemente asustada ante esto*. **Lord**

Windermere *se sobresalta.* **Lord Augustus** *coge a* **Windermere** *del brazo y lo lleva al frente del escenario. Habla rápidamente y en voz baja.* **Lady Windermere** *se queda mirándoles aterrorizada*]. Mi querido amigo, ella ha explicado cada maldita cosa. Todos la hemos juzgado muy mal. Fue enteramente por mi bien que ella fue a las habitaciones de Darlington. Me visitó primero en el Club —de hecho, quería responder a mis preguntas— y cuando le dijeron que me había ido, me siguió... naturalmente asustada cuando oyó que muchos de nosotros entrábamos en las habitaciones... y se retiró a otra habitación... le aseguro que fue de lo más gratificante para mí, todo el asunto. Todos nos comportamos brutalmente con ella. Es justo la mujer para mí. Me sienta de maravilla. La única condición que ella pone es que vivamos absolutamente fuera de Inglaterra. Lo cual es algo muy bueno también. Malditos clubes, maldito clima, malditos cocineros, maldito todo. Estoy harto de todo.

Lady Windermere. [*Asustada*]. ¿Mrs. Erlynne ha...?

Lord Augustus. [*Avanzando hacia ella con una leve reverencia*]. Sí, Lady Windermere... Mrs. Erlynne me ha hecho el honor de aceptar mi mano.

Lord Windermere. ¡Vaya, sin duda se casa con una mujer muy inteligente!

Lady Windermere. [*Cogiendo la mano de su marido*]. ¡Ah, se casa con una mujer muy buena!

Telón

Rosetta Edu

CLÁSICOS EN ESPAÑOL

Esperamos que haya disfrutado esta lectura. ¿Quiere leer otra obra de nuestra colección de *Clásicos en español*?

En nuestro Club del Libro encontrarás artículos relacionados con los libros que publicamos y la literatura en general. ¡Suscríbete en nuestra página web y te ofrecemos un ebook gratis por mes!

Recibe tu copia totalmente gratuita de nuestro *Club del libro* en rosettaedu.com/pages/club-del-libro

Rosetta Edu

CLÁSICOS EN ESPAÑOL

Una habitación propia se estableció desde su publicación como uno de los libros fundamentales del feminismo. Basado en dos conferencias pronunciadas por Virginia Woolf en colleges para mujeres y ampliado luego por la autora, el texto es un testamento visionario, donde tópicos característicos del feminismo por casi un siglo son expuestos con claridad tal vez por primera vez.

Oscar Wilde escribe una sola novela, *El retrato de Dorian Gray*; ésta fue el objeto de una crítica moralizante mordaz por parte de sus contemporáneos que no pudieron ver que dentro de una trama perfectamente compuesta se escondía toda la tragedia del romanticismo. Cien años después no ha perdido su impacto original y sigue siendo un texto fundamental para los debates sobre la estética y la moral.

Otra vuelta de tuerca es una de las novelas de terror más difundidas en la literatura universal y cuenta una historia absorbente, siguiendo a una institutriz a cargo de dos niños en una gran mansión en la campiña inglesa que parece estar embrujada. Los detalles de la descripción y la narración en primera persona van conformando un mundo que puede inspirar genuino terror.

rosettaedu.com

Rosetta Edu

EDICIONES BILINGÜES

En una atmósfera constante de misterio y amenaza, *El corazón de las tinieblas* narra el peligroso viaje de Marlow por un río (sin duda el Congo aunque no es nombrado en el relato) africano. Lo que el marino puede observar en su viaje le horroriza, le deja perplejo, y pone en tela de juicio las bases mismas de la civilización y la naturaleza humana.

Durante décadas, y acercándose a su centenario, *El gran Gatsby* ha sido considerada una obra maestra de la literatura y candidata al título de «Gran novela americana» por su dominio al mostrar la pura identidad americana junto a un estilo distinto y maduro. La edición bilingüe permite apreciar los detalles del texto original y constituye un paso obligado para aprender el inglés en profundidad.

En *La señora Dalloway* Virginia Woolf relata un día en la vida de Clarissa Dalloway, una señora de la clase alta casada con un miembro del parlamento inglés, y de un ex-combatiente que lucha contra su enfermedad mental. La innovación de la novela es la corriente de consciencia: Woolf sigue el pensamiento de cada personaje, siendo excelente a la hora de narrar emociones, asociaciones y sentimientos.

rosettaedu.com

www.ingramcontent.com/pod-product-compliance
Lightning Source LLC
Chambersburg PA
CBHW060505080526
44584CB00015B/1549